Friedrich Maus, Wilfried Nodes,
Dieter Röh

Schlüsselkompetenzen der Sozialen Arbeit

für die Tätigkeitsfelder Sozialarbeit und Sozialpädagogik

WOCHEN
SCHAU
VERLAG

Bibliografische Information der Deutschen Nationalbibliothek
Die Deutsche Nationalbibliothek verzeichnet diese Publikation in der Deutschen Nationalbibliografie; detaillierte bibliografische Daten sind im Internet über http://dnb.d-nb.de abrufbar.

www.wochenschau-verlag.de

Herausgegeben von:
Deutscher Berufsverband für Soziale Arbeit e.V. (DBSH),
Friedrich-Ebert-Str. 30, 45127 Essen

DBSH Deutscher Berufsverband für Soziale Arbeit e. V.
Tariffähige Gewerkschaft
Mitglied der IFSW (International Federation of Social Workers)

Mitarbeit in der Projektgruppe:
Frank Mattioli-Danker, Uwe Schulz-Wallenwein

Verabschiedet von der Bundesmitgliederversammlung im März 2007 in Jena

Titelgestaltung: Ohl Design
Gedruckt auf chlorfreiem Papier
Gesamtherstellung: Wochenschau Verlag
ISBN 978-3-89974437-8

Inhalt

Vorwort zur 2. Auflage

Liebe Leserin, lieber Leser,

es ist überwältigend, dass binnen eines Jahres die erste Auflage der „Schlüsselkompetenzen“ vergriffen ist. Im Namen des Berufsverbands für Soziale Arbeit freuen wir uns sehr über das große Interesse sowohl bei den Praktikern als auch bei den Studierenden und den Lehrenden.

Die „Schlüsselkompetenzen“ haben ihr Ziel erreicht, das Werk ist im Diskurs vieler verschiedener Gruppierungen angekommen. Die in ihm beschriebenen neun Kompetenzen sind für viele Praktiker und Praktikerinnen eine Grundlage ihrer Arbeit, der Sozialen Arbeit, geworden. Das Buch der „Schlüsselkompetenzen“ dient ihrer Orientierung und sichert zudem die Qualität Sozialer Arbeit ab.

Genau das bewundern auch Sozialarbeiter und Sozialarbeiterinnen aus anderen Ländern. Das Buch „Schlüsselkompetenzen“ ist eine sehr kompakte Beschreibung der Leistungen, die Sozialarbeiter täglich erbringen. Es ist daher mehr als nur eine Rahmensetzung für die Sozialarbeit, sondern auch eine Überprüfungsmöglichkeit für die eigenen Kompetenzen und Entwicklungsmöglichkeiten. Diese Form des Leitfadens gibt es so nicht in anderen europäischen Ländern.

In verschiedenen Bereichen werden die Beschreibung der Schlüsselkompetenzen bereits als Leitfaden und Orientierungsrahmen zur Prüfung der Qualität verwendet. Das stärkt das Berufsbild der Sozialen Arbeit und profiliert die Profession.

Die zweite Auflage ist gegenüber der ersten Auflage unverändert. Derzeit ist eine Erweiterung der Schlüsselkompetenzen für andere Berufsfelder der Sozialen Arbeit geplant. Im Bereich der Erziehung sind besondere Kompetenzen hervorzuheben. Bereits jetzt arbeitet ein kleines Redaktionsteam an den Schlüsselkompetenzen für Erzieherinnen und Erzieher.

Wir freuen uns, wenn die begonnene positive Diskussion über die „Schlüsselkompetenzen“ in unterschiedlichen Fachkreisen fortgesetzt wird und ihre Ergebnisse uns im Berufsverband für Soziale Arbeit mitgeteilt werden.

Allen, die nun das Buch das erste Mal in der Hand haben, wünschen wir viel Spaß beim Lesen und der eigenen Reflexion.

Berlin, März 2010

Michael Leinenbach	Gabriele Stark-Angermeier
1. Vorsitzender	2. Vorsitzende

Vorwort

Mit dieser Beschreibung der Schlüsselkompetenzen für Sozialarbeit/Sozialpädagogik schafft der Deutsche Berufsverband für Soziale Arbeit e.V. (DBSH) eine Grundlage für die Sicherung des Berufsbildes der Sozialen Arbeit. Mit diesen Schlüsselkompetenzen definieren wir grundlegende Kompetenzen, die es Fachkräften[1] ermöglichen, beruflich zu handeln und im Zusammenwirken mit beruflicher Praxis, Lebenserfahrung und einer ständigen Fort- und Weiterbildung im Sinne eines andauernden Lernprozesses Wissen und Handlungskompetenz zu vertiefen.

Uns ist durchaus bewusst, dass der Begriff „Schlüsselkompetenzen" in der Pädagogik anders besetzt ist. Genau aber wie das „Lesen lernen" für das Kind eine wesentliche Schlüsselkompetenz für das weitere Leben darstellt, sind die von uns genannten Schlüsselkompetenzen die „Schlüssel" zum professionellen Wirken von Fachkräften der Profession Soziale Arbeit.

Wir vertreten an dieser Stelle nicht den Anspruch, eine vertiefte wissenschaftliche Abhandlung zu präsentieren. Es handelt sich um eine Beschreibung dessen, was Fachkräfte der Profession nach erfolgreichem Studienabschluss beherrschen müssen. Diese Beschreibung erfolgt konkret aus der Sicht der beruflichen Praxis. Bei diesen Ausführungen handelt es sich weder um ein Curriculum für die Ausbildung noch um Module innerhalb des Studiums.

Der DBSH trägt mit dieser Beschreibung von Schlüsselkompetenzen zu einer schärferen Profilierung des Berufes bei, indem er klärt, was Sozialarbeiter/-innen können müssen. Dabei ist wichtig, dass diese Kompetenzen überprüfbar und sowohl den Fachkräften als auch Anstellungsträgern und Gesetzgebern gegenüber transparent sind.

Wir gehen davon aus, dass diese Beschreibung nicht nur die Diskussion in der Profession anregen, sondern auch hilfreich ist für die Bestimmung der Ausbildungsinhalte. Potentielle Studierende können sich vor dem Studium informieren, was die Grundlagen eines praxistauglichen Sozialarbeitstudiums sind, und können somit ihre Studienerfolge im Hinblick auf die spätere berufliche Praxis besser verfolgen. Dies ist gerade im Blick auf zukünftige Studiengänge und Studienabschlüsse hilfreich.

Zugleich aber sind diese Schlüsselkompetenzen auch eine Grundlage für eine objektivere Erklärung des eigenen beruflichen Handelns bereits im Beruf stehender Fachkräfte. So leisten wir einen Beitrag zu einer verstärkten beruflichen Identität als Sozialarbeiter/-in oder Sozialpädagoge/Sozialpädagogin.

Diese Beschreibung kann und sollte mittelfristig als Grundlage für die Inhalte und politische Durchsetzung eines Berufsgesetzes dienen, in dem unser Berufsregister integriert ist. Die Kompetenzen und Kernbereiche der Sozialen Arbeit sollten darin ebenso dekliniert werden wie die geschützten Einsatzbereiche.

Anstellungsträgern wiederum wollen wir ein Kompetenzprofil als Baustein für Personalgewinnung und -entwicklung anbieten. Praxisfelder wandeln sich zunehmend und wir gehen davon aus, dass in Zukunft Mitarbeiter/-innen mit einem breiten Kompetenzprofil benötigt werden. Wir werden, auf der Grundlage der Schlüsselkompetenzen, eine objektivere Bewertung (Rankingliste) der Ausbildungsstätten entwickeln. Damit machen wir auch Aussagen zur Qualität von Ausbildungsstätten im Sinne von „best practice“.

In der gegenwärtigen sozialpolitischen Lage und der Situation unserer Profession sollten sich Fachkräfte der Profession klar darüber sein, dass die professionelle Qualität und sogar der Berufsabschluss des Sozialarbeiters/der Sozialarbeiterin zur Disposition steht – zumindest so wie er bisher definiert wurde –, nicht zuletzt deshalb, weil immer mehr Tätigkeiten, die bisher originär Tätigkeiten von Fachkräften der Profession Soziale Arbeit sind, von anderen Professionen ausgeführt werden.

Soziale Arbeit als Profession und Disziplin, also die Ausbildungsstätten ebenso wie die Praxis, muss sich (neu) definieren und dies relativ schnell. Wir können nicht warten, bis wir ein hundertprozentig perfektes Ergebnis vorlegen können, in dem alle Besonder- und Einzelheiten berücksichtigt werden. Wir haben den Mut zur Unvollkommenheit und können mit dem Projekthaften dieser Beschreibungen leben.

Diese Schlüsselkompetenzen müssen regelmäßig überprüft werden und im Falle von notwendigen Veränderungen z.B. auf Grund von wissenschaftlichen Erkenntnissen, gesellschaftlichen und politischen Wandlungen oder neuen Erkenntnissen aus der Praxis entsprechend angepasst werden.

Essen im Januar 2008

Michael Leinenbach
1. Vorsitzender

Gabriele Stark-Angermeier
2. Vorsitzende

Anmerkung

1 Mit „Fachkraften“ sind gemeint: Dipl-Sozialarbeiter/-innen, Dipl-Sozialpädagogen/-pädagoginnen, Sozialarbeiter/-in (BA). Da wir davon ausgehen, dass die Berufsabschlüsse in Zukunft in allen Ausbildungsstätten einheitlich entsprechend dem Hochschulrahmengesetz erfolgen, verwenden wir im weiteren Text die Begriffe „Sozialarbeiter/-innen“ oder auch nur „Fachkräfte“. Damit sind also die noch bestehenden Studienabschlüsse „Sozialpädagogik“ mit eingeschlossen. Mehr dazu siehe S. 11 im Kapitel Einführung.

1

Kapitel I: Einführung in die Schlüsselkompetenzen

1. Sozialarbeiterische Kompetenz ist mehr als die Summe von Einzelkompetenzen

Die modulhafte Darstellung der Schlüsselkompetenzen dient einer Verdeutlichung, d.h. Soziale Arbeit erschöpft sich nicht im Beherrschen einzelner Kompetenzen und ist nicht die Summe der einzelnen Kompetenzen, sondern stellt die Fähigkeit dar, diese Kompetenzen im Hilfeprozess für den Klienten miteinander zur sozialprofessionellen Hilfe zu verknüpfen.

Im Studium lernen angehende Sozialarbeiter/-innen das Theorie- und Handlungswissen aus den verschiedensten Bezugswissenschaften in einem Hilfeprozess zu verknüpfen, daraus mit Klienten Problemlösungsschritte zu erarbeiten und entsprechende Hilfestellungen zu geben. Seit der Anerkennung und Integration einer Fachwissenschaft Soziale Arbeit in der Rahmenordnung für das Studium der Sozialar-

ABBILDUNG 1: KOMPETENZ SOZIALARBEIT/SOZIALPÄDAGOGIK

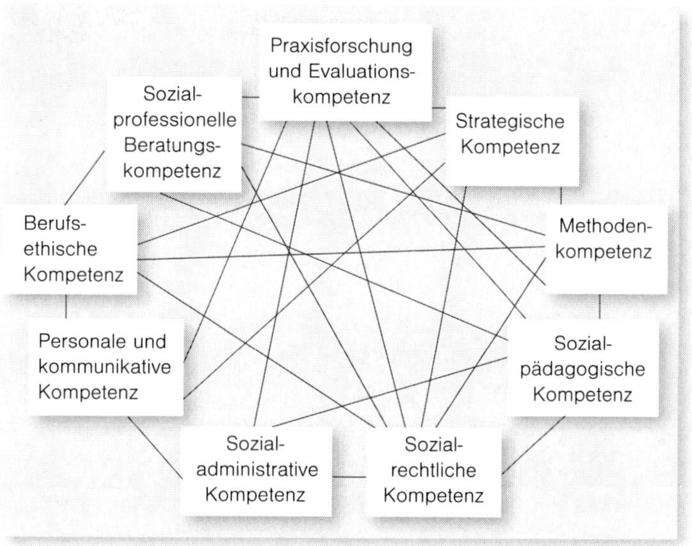

beit/Sozialpädagogik[1] soll sich das Studium an dieser Leitwissenschaft orientieren. Dies erfordert die Stärkung der interdisziplinären Zusammenarbeit der Bezugsprofessionen innerhalb der Ausbildungsstätten und ein verstärktes interdisziplinäres Lernen der Studenten. Die Anteile der Bezugsprofessionen wie z.B. Recht, Psychologie, Pädagogik, Medizin sind immer wieder an der Sozialen Arbeit auszurichten. Die hier beschriebenen Schlüsselkompetenzen bauen auf diesem innovativen Verständnis einer Wissenschaft der Sozialen Arbeit (Engelke 1993) auf. Sie berühren den Prozess der weiteren wissenschaftlichen Fundierung Sozialer Arbeit durch eigene wissenschaftliche Erkenntnisse nur in der Hinsicht, als eine eigene Kompetenzforschung noch aussteht. Die vorliegende Arbeit stellt einen ersten Versuch dar, die für die berufliche Praxis von Sozialer Arbeit notwendigen Fähigkeiten und Fertigkeiten zusammenzutragen. In diesem Zusammenhang sei auf neuere Arbeiten zu einer Kompetenztheorie verwiesen (z.B. Reiss in Forum Sozial 4-06).

Die Aufteilung der sozialarbeiterischen Kompetenz in einzelne Schlüsselkompetenzen und das Nebeneinander in dieser Beschreibung ist ein Arbeitsmittel, das die Übersicht erleichtert.

Einzelne der im Folgenden beschriebenen Kompetenzen können auch in anderen Studiengängen oder in Form beruflicher Fort- und Weiterbildung erworben werden. Soziale Arbeit ist dies dann aber nicht. Erst die Gesamtheit der Kompetenzen, das Miteinander-Verwobensein der einzeln beschriebenen Komponenten als generalistische Grundlage macht die Breite der professionellen Sozialen Arbeit aus.

2. Einordnung der Schlüsselkompetenzen in die berufliche Soziale Arbeit

Die Schlüsselkompetenzen beschreiben die generalistische Kompetenz von Sozialarbeitern/Sozialarbeiterinnen nach Abschluss des Studiums.

Sie bilden den Kern der Sozialen Arbeit. Um diesen Kern haben sich in den letzten Jahrzehnten Tätigkeiten herausgebildet, die inzwischen auch von Abgängern anderer Studiengänge ausgeübt werden können, nach einer dafür notwendigen Qualifikation.

Dies gilt u.a. für spezialisierte Tätigkeiten in der Sozialen Arbeit und Therapie, Management und Supervision (s. Abb. 3).

Auf der Grundlage der Schlüsselkompetenzen ist eine Erweiterung des professionellen Wissens und Handelns der sozialprofessionellen Fachkraft durch berufliche Erfahrung, Eigenstudium und/oder mit einem Aufbaustudium möglich. Eine Spezialisierung auf einzelne Wissens- oder Arbeitsbereiche widerspricht nicht dem vorher Beschriebenen. Die Schlüsselkompetenzen bilden jedoch die generalistische Grundlage sozialarbeiterischer Tätigkeit.

Wie Abbildung 2 zeigt, werden die Schlüsselkompetenzen im Bachelorstudium erworben. Dadurch erwerben die Studierenden die berufliche Kompetenz für die ersten Schritte des beruflichen Handelns. Erst während des beruflichen Handelns erfolgt eine Spezialisierung.

Masterstudiengänge dienen der Erweiterung bzw. Vertiefung einzelner Schlüsselkompetenzen. Dies kann das Erweitern von Wis-

Abbildung 2: Aufbau der Schlüsselkompetenzen

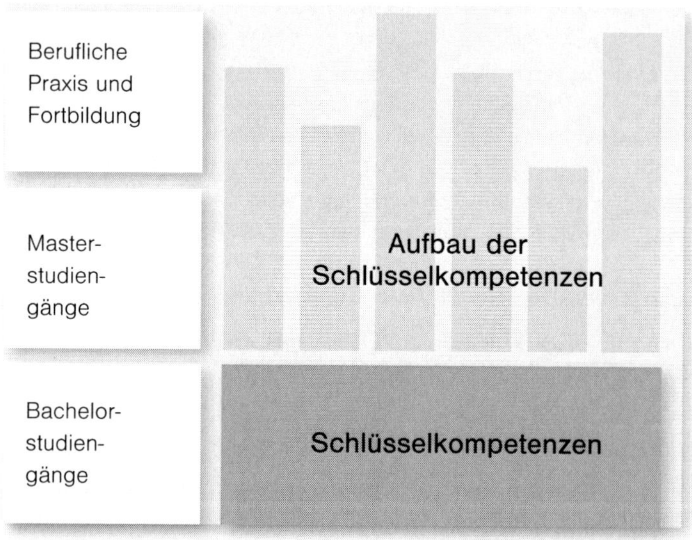

senskompetenz (Theorie sozialer Arbeit, Sozialwissenschaft, Recht etc.) oder von Handlungs- bzw. Methodenkompetenz sein. Spezielle Masterstudiengänge schaffen Zugänge zu einer wissenschaftlichen Laufbahn und Betätigung in Lehre und Forschung.

Im Laufe der beruflichen Praxis werden weitere und speziellere Kompetenzen durch Selbststudium und Praxis (Fachliteratur, Studientage, Teambesprechungen, Arbeit mit Klienten und Kooperationspartnern etc.) und Fort- und Weiterbildung erworben.

Das Beherrschen der Schlüsselkompetenzen – der Studienabschluss als Bachelor – und die weiterführenden Masterstudiengänge befähigen Sozialarbeiter/-innen auch für Arbeitsfelder außerhalb des Kerns der Sozialen Arbeit und für andere Arbeitsfelder, für die entsprechende Kompetenzen in Fort- und Weiterbildungsmaßnahmen erworben werden müssen (s. Abb. 3).

Dieser Kern erklärt sich aus den Wurzeln der beruflichen Sozialarbeit und Sozialpädagogik. Entstanden aus der professionellen Arbeit mit

ABBILDUNG 3: SOZIALARBEITERISCHER KERN

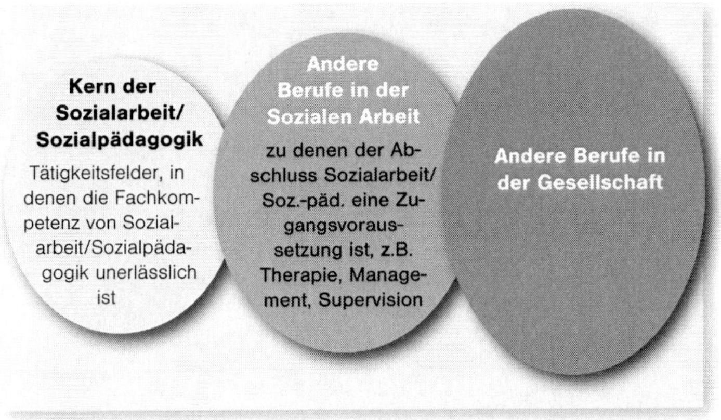

© Friedrich Maus, Mannheim

Armen, mit dem Proletariat (= Prekariat?) und der Jugendfürsorge, hat sich die Profession entwickelt und entwickelt sich stetig weiter.[2]

Soziale Arbeit ist Menschenrechtsprofession. Es geht um die Unterstützung, Begleitung und Hilfe für Menschen, die von der Gesellschaft ausgegrenzt werden oder aufgrund von sozialen, wirtschaftlichen und (sozial)politischen Rahmenbedingungen von Ausgrenzung bedroht sind. In diesen Tätigkeitsfeldern ist ausschließlich die sozialarbeiterische Kompetenz Voraussetzung für die berufliche Tätigkeit.

Der Studienabschluss Soziale Arbeit ist auch eine Grundlage für vielfältige therapeutische Tätigkeiten, Managementfunktionen, Supervision, die sich am Kern Sozialer Arbeit orientieren, und andere Berufe wie z.B. Organisationsberatung. Das Studium der Sozialen Arbeit ist auch ein Zugang zu diesen Arbeitsfeldern oder Berufen. Dafür sind zusätzliche Kompetenzen notwendig, die in Masterstudiengängen, Fort- oder Weiterbildungsmaßnahmen erworben werden müssen. Diese Kompetenzen können auch Absolventen anderer Studiengänge erwerben.

3. Zur Modularisierung der Ausbildungsgänge

Die zukünftigen Ausbildungsgänge werden modularisiert. Dies schafft u. U. verbesserte Möglichkeiten das Wissen und die Handlungskompetenz aus den Bezugswissenschaften in sozialarbeiterisches Handeln einzubinden und so die berufliche Identität als Sozialarbeiter/-in zu stärken.

Die vorliegenden Schlüsselkompetenzen sind als einzelne Teile einer Kompetenz beschrieben. Dies dient der besseren Übersicht; es handelt sich nicht um Module im Sinne der Ausbildung.

Ausbildungsmodule zu gestalten, ist allein Sache der jeweiligen Ausbildungsstätte. Die Schlüsselkompetenzen halten fest, was Sozialarbeiter/-innen lernen müssen, um am Ende des Studiums beruflich tätig werden zu können.

4. Soziale Arbeit als Kombination sozialarbeiterischer und sozialpädagogischer Kompetenz

Soziale Arbeit hat sich mittlerweile – trotz aller Skepsis aus Praxis und Hochschulen – zum Oberbegriff für die früher getrennt bezeichneten Bereiche Sozialarbeit und Sozialpädagogik entwickelt. Es gilt als unumstritten, dass sich Soziale Arbeit als Profession und Disziplin sowohl ihrer unterschiedlichen professionsgeschichtlichen Ursprünge vergewissern muss, und dies schließt die bezugswissenschaftliche Fundierung ihres Wirkens mit ein, als auch der zukunftsgerichteten Weiterentwicklung in Praxis, Ausbildung und Forschung. Auch wenn bis heute an einigen Ausbildungsstätten von Sozialarbeit oder Sozialpädagogik gesprochen wird, so gibt es viele andere Zeichen, die auf eine Integration unter der Überschrift „Soziale Arbeit“ deuten. Die Anerkennung der Fachwissenschaft Soziale Arbeit durch die Rahmenstudienordnung des Fachbereichstages hat hierzu ihren Beitrag geleistet.

Soziale Arbeit gilt als Leitidee für die verschiedensten Zugänge zum Menschen und seinen sozialen Problemen. Die bis vor kurzem gepflegte Trennung zwischen individualisierenden, pädagogischen (Mikroebene) und strukturellen, sozialarbeiterischen Zugängen (Makroebene) wird zunehmend aufgehoben zugunsten einer verschränkten Sicht, die soziale Probleme auf beiden Seiten verortet.

Das folgende Schaubild soll dies verdeutlichen:

ABBILDUNG 4: SOZIALE ARBEIT = EINHEIT VON SOZIALARBEIT + SOZIALPÄDAGOGIK

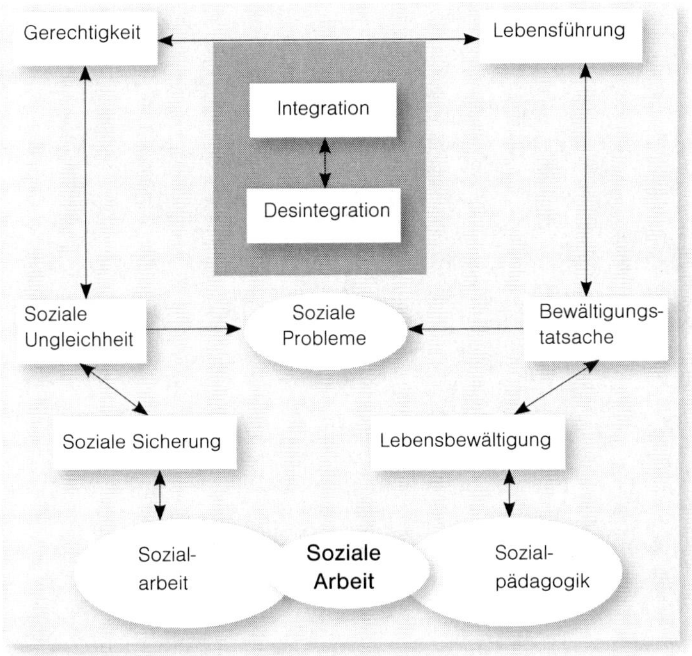

Mit diesem Schaubild soll der Anschluss an bestehende Funktionen (Klüsche, W.: Ein Stück weitergedacht – Beiträge zur Theorie- und Wissenschaftsentwicklung der Sozialen Arbeit. Freiburg 1999; IFSW Montreal-Definition) verdeutlicht werden: Sozialarbeit und Sozialpädagogik als zwar verschiedenartige Zugänge zu sozialen Problemen zu verstehen, die sich dann im Sinne von Sozialer Arbeit ergänzen und nur durch ihre Kombination zu einem wirkungsvollen Ganzen werden.

Im Sinne dieses Verständnisses sind auch die hier beschriebenen Schlüsselkompetenzen als Repertoire einer Sozialen Arbeit zu verstehen. Nichtsdestotrotz oder gerade deswegen findet die sozialpädagogische Kompetenz ihre besondere Bedeutung innerhalb dieser Arbeit. Dabei folgen wir jedoch nicht der rein erziehungswissenschaftlichen Handlungslogik, sondern vielmehr einem pädagogischen Verständnis, wie es z.B. Böhnisch (2002) mit seinem Modell der „Hilfe als Lebensbewältigung" verfolgt.

5. Schlüsselkompetenzen und Ausbildungsinhalte

In der Diskussion des Entwurfs der Schlüsselkompetenzen wurde kritisiert, dass die Ausbildungsinhalte zu den jeweiligen Kompetenzen nicht in eine Beschreibung von Kompetenzen gehören. Wir sind anderer Meinung. Gerade die Ausbildungsinhalte machen deutlich, welches Wissen Ausbildungsstätten vermitteln müssen. Der Transparenz wegen haben wir die Ausbildungsinhalte den jeweiligen Kompetenzen angefügt. Nur so kann auch eine Überprüfung sowohl von Interessenten/Interessentinnen am Studiengang Soziale Arbeit[3] als auch der Berufspraxis stattfinden.

Die aufgezählten Ausbildungsinhalte haben natürlich eine unterschiedliche Wichtigkeit und eine unterschiedliche inhaltliche Dichte. Für ein Rankingverfahren werden wir diese im Einzelnen gewichten. Wir werden Zeitfaktoren (z.B. Creditpoints) oder Faktoren wie z.B. Information, grundlegende Kenntnisse, vertiefte Kenntnisse anbringen.

6. Schlüsselkompetenzen und Qualifikationsrahmen Soziale Arbeit des Fachbereichtages Soziale Arbeit[4]

Aus unserer Sicht zeigen die Schlüsselkompetenzen wesentlich konkreter die notwendigen Kompetenzen und die damit verbundenen benötigten Kenntnisse auf, als dies der vom Fachbereichstag Soziale Arbeit verabschiedete Qualifikationsrahmen leistet. Er gibt nur Hinweise zur formalen Einstufung von Kompetenzen, ohne diese inhaltlich zu benennen. So weit möglich haben wir viele der dort genannten Kenntnisse in die einzelnen Schlüsselkompetenzen aufgenommen.

7. Weitere Hinweise zum Textverständnis

In der Diskussion wurde von einigen Diskussionsteilnehmerinnen und -teilnehmern eine Ausweitung der von uns benannten Schlüsselkompetenzen gewünscht. Wir haben uns entschieden, lediglich die Schlüsselkompetenz „Sozialpädagogische Kompetenz" hinzuzufügen. Den Vorschlag z.B., eine eigene Schlüsselkompetenz „Medienkompetenz" einzufügen, haben wir abgelehnt.

Wir verwenden den Begriff Klient bzw. Klientel. Dieser meint Personen, mit denen Sozialarbeiter/-innen in einer beruflichen beraterischen und helfenden Beziehung stehen, und erfasst die Begriffe Nutzer/-innen, Kunde/Kundin.

Anmerkungen

1 Die Rahmenordnung wurde 2001 von der Kultusministerkonferenz sowie der Hochschulrektorenkonferenz verabschiedet.

2 Hier sind vor allem die Berufsfelder im Bereich des SGB XII, SGB II, Kinder- und Jugendhilfe, der Gesundheitshilfe gemeint. Der Berufsverband wird im Rahmen seiner Arbeit an einem Berufsgesetz hier deutlicher die beruflichen Felder innerhalb der Sozialen Arbeit benennen, die mit dem Kern der Sozialarbeit erfasst werden.

3 Damit meinen wir die Studiengänge Sozialwesen, Sozialarbeit, Sozialpädagogik.

4 Fachbereichstag Soziale Arbeit, Qualifikationsrahmen Soziale Arbeit, Berlin, 31.5.2006

2

Kapitel II: Grundlagen

Einführung

Zur Einführung benennen wir Grundlagen, auf denen die Schlüsselkompetenzen aufbauen, und haben diese den eigentlichen Schlüsselkompetenzen vorangestellt.

Abbildung 5: Bedeutung der Grundlagenkompetenzen

Die Arbeit an den Schlüsselkompetenzen machte deutlich, dass sich bestimmte Grundlagen wie z.B. philosophische oder anthropologische Wurzeln, Menschenbilder und ethische Faktoren und Bezugstheorien verschiedenen Schlüsselkompetenzen zuordnen lassen. Deshalb haben wir der Beschreibung der einzelnen Schlüsselkompetenzen einige übergreifende Fakten unter dem Gliederungspunkt „Grundlagen" vorangestellt.

1. Definition der Grundlagen

1.1 Makro-, Meso- und Mikrotheorien der Sozialen Arbeit

Unsere Grundlage Sozialer Arbeit ist die Definition, die von der International Federation of Social Workers auf der Konferenz in Montreal 2000 verabschiedet wurde.

Ausgehend von dieser internationalen Definition Sozialer Arbeit soll das Grundlagenkapitel einige Schlüsselkompetenzen beschreiben, die sozusagen „vor die Klammer gezogen" werden können, d.h. nicht nur einzelnen Schlüsselkompetenzen zugeordnet werden können, sondern sogar eine eigenständige Kompetenz ergeben. Wir gehen dabei von der Bestimmung der Sozialen Arbeit als „Profession für „dazwischen" aus, die ihre besondere Qualität durch ihren generalistischen Ansatz gewährleisten kann.

Soziale Arbeit agiert auf der so genannten Mesoebene zwischen den folgenden Bereichen, die je nach theoretischem Standpunkt unterschiedlich benannt werden können:

- System ↔ Lebenswelt (z.B. vertreten bei Habermas, Thiersch)
- Objekt ↔ Subjekt (z.B. vertreten in der Subjekttheorie)
- Umwelt ↔ Person (z.B. vertreten in der sozialökologischen Theorie)

Ausgehend von einer solchen Bestimmung der gesellschaftlichen Wirklichkeit, die sowohl strukturell-funktionalistische Elemente enthält (Recht, Geld, Schichten etc.) als auch individuell-lebensweltnahe (Beziehung, soziale Unterstützung, Familie etc.), können wir als grundlegende Fähigkeit von Fachkräften der Sozialen Arbeit definieren, dass sie dieses Spannungsverhältnis erkennen, verstehen und in ihm produktiv und im Sinne der Hilfe bei sozialen Problemen handeln können. Je weiter System, Lebens- oder Umwelt und Person sich entkoppeln bzw. auseinanderdriften bzw. je problematischer das Verhältnis zwischen Person und Umwelt ist, desto notwendiger bedarf es eines künstlichen sozialen Kitts, um dieser Distanz mit Nähe und „inszenierter Solidarität“ (Rauschenbach 1994) zu begegnen. Soziale Arbeit stellt eine solche Form inszenierter Solidarität dar und zwar indem sie, z.B. unter Rückgriff auf die Systemtheorie nach Staub-Bernasconi (1995), Ausstattungs-, Austausch- und Machtprobleme gleichermaßen erkennt und damit umgeht.

Auf der professionellen Handlungsebene benötigen die Fachkräfte der Sozialen Arbeit neben solcher Makrotheorie (die auch die Mandatsfrage einschließt) dezidierte Meso- und Mikrotheorien. Zu diesen zählen wir u.a. die bereits oben erwähnten sozialwissenschaftlichen oder auch sozialpsychologischen Theorien, wie z.B. die Netzwerktheorie oder das Empowerment.

Folgerungen für die Schlüsselkompetenzen der Sozialen Arbeit

Ausgehend vom Ziel dieses Kapitels, die Grundlagen der Sozialen Arbeit im Hinblick auf die nachfolgenden Schlüsselkompetenzen zu beschreiben, widmet sich dieser Abschnitt der Frage nach dem Verhältnis von Wissen (über gesellschaftstheoretische Zusammenhänge, wie sie soeben kurz skizziert wurden), Macht und Subjekten. Diese Systematik wurde in Anlehnung an Michel Foucault gewählt und dient der Verdeutlichung der viel diskutierten Probleme um das Spannungsverhältnis zwischen Hilfe und Kontrolle in der Sozialarbeit/Sozialpädagogik.

Die Funktion sozialer Arbeit ist durch diese Polarität geprägt.

Von (i.w.S.) handlungstheoretisch orientierten Wissenschaftlerinnen und Wissenschaftlern oder von Vertretern mikrosoziologischer Theorien (bzw. unter Verwendung ihrer Erkenntnisse) wurde eine Theorie sozialer Arbeit als Hilfe zur Herstellung der Handlungsfähigkeit der Klientel entworfen. Marxistisch und funktionalistisch orientierte „Makro-Soziologen“ definieren soziale Arbeit als Kontrollinstanz des Staates und damit als mittelbare Hilfe für das Kapital[1]. Beide Theoriepositionen wurden alternativ mit je unterschiedlichen Praxiskonzepten beschrieben.

An dieser Stelle gewinnt, überträgt man das auf die Sozialarbeit/Sozialpädagogik, diese ihre besondere Positionierung als intermediäre Instanz zwischen Hilfe und Kontrolle an Bedeutung. Solidarität lässt sich nicht stellvertretend abseits von politischen Rechten, Handlungskompetenz und Kommunikation vermitteln. Wenn der Begriff der Lebenswelt als ethische, kategoriale oder sozialräumliche Zusammenfassung ohne einen Bezug zu den jeweiligen Interessen unbrauchbar ist, so ist er es für die „Lebenswelt gemeinsamer Interessen" nicht.

In dem beschriebenen Widerspruch zwischen System und Lebenswelt und der möglichen Definition der Klientel als sozial, kulturell oder ethnisch definierte Gruppe oder auch als Vertreter von Lebenswelt bewegt sich der in der Sozialarbeit/Sozialpädagogik Tätige mit unterschiedlichen Aufträgen, Kompetenzen (bzw. Erwartungen) und (eigenen) Erfahrungen. Diese wurden auch als doppeltes bzw. dreifaches Mandat hinlänglich beschrieben.

Für die Frage nach Schlüsselkompetenz für die Sozialarbeit/Sozialpädagogik lässt sich deshalb abschließend festhalten, dass sich die Profession nicht mit dem Wissen über gesellschaftliche Zusammenhänge und individuelle Lebenslagen begnügen darf. Vielmehr benötigt sie ein Verständnis von Macht als kategorialer wie funktionaler Theorie, das im Sinne der Lösung sozialer Probleme eingesetzt werden muss. Zur Lösung sozialer Probleme gehört dann neben der nachgehenden, sozusagen reparierenden Funktion auch und gerade die präventive Arbeit, um soziale Probleme nicht entstehen zu lassen.

1.2 Ökonomisches Denken und Handeln

Berufliche Sozialarbeit/Sozialpädagogik hatte und hat immer auch mit der ökonomischen Situation der Klientel und den ökonomischen Werten und Normen der Gesellschaft zu tun.

Durch die zunehmende weltweit stattfindende Ökonomisierung und Merkantilisierung des Sozialen wurde auch die Soziale Arbeit zunehmend ökonomisiert[2]. Die Prinzipien des Marktes (Wettbewerb und Profitorientierung) wurden für die Fachkräfte direkt spürbar, sowohl durch die Verschlechterung von Lebenslagen einer wachsenden Zahl von Menschen als auch in der eigenen Betroffenheit im beruflichen Alltag. Viele Arbeitsplätze in der Sozialen Arbeit wurden gestrichen oder sind aufgrund von Kürzungen und Einsparungen staatlicher Zuschüsse bedroht. Die zunehmende Einführung von primär kostenorientierten Leistungsverträgen im Zusammenhang mit Qualitätsentwicklung und Stellenabbau in Diensten und Einrichtungen führen i.d.R. zur Absenkung bisher geltender professioneller Standards.

Als Folge der zunehmenden Dominanz eines einseitig betriebswirtschaftlichen Denkens wurde deutlich, wie stark Soziale Arbeit abhängig ist vom ökonomischen Denken und Handeln unserer Gesellschaft.

Deswegen ist es notwendig, dass Fachkräfte der Sozialen Arbeit sich stärker als bisher mit ökonomischen Grundlagen auseinandersetzen und dieses Wissen in ihre Strategie der Hilfe einbeziehen.

1.3 Armut/Reichtum

Die Sozialarbeit/Sozialpädagogik hat ihre historischen Wurzeln in der Armenpflege und Armen- bzw. Jugendfürsorge des 19. Jahrhunderts. Armut und Ausgrenzung sind noch immer die Grundlagen Sozialer Arbeit. In diesem Sinne war und ist Sozialarbeit/Sozialpädagogik eine kritisch-parteiliche Handlung mit armen und von der Gesellschaft ausgegrenzten oder von Ausgrenzung bedrohten Menschen.[3]

Sozialarbeiter/-innen müssen gesellschaftliche Zusammenhänge von Armut und Reichtum kennen. Dazu gehört das Wissen über die Entstehung von Armut in Verbindung mit kapitalistischem Handeln und der Folge von Ausgrenzung ebenso wie das Wissen über Konsequenzen von Armut für die betroffenen Menschen.

Als allgemeine methodische Grundlage sozialarbeiterischer Hilfe ist die Kommunikation anzusehen. Sozialarbeiter/-innen müssen die unterschiedlichen und spezifischen Kommunikationsformen und -inhalte innerhalb der Gruppen oder Schichten in unserer Gesellschaft kennen. Wollen sie ihrem intermediären Auftrag nachkommen, müssen sie verschiedene Kommunikationsformen beherrschen. Sie sind nicht nur Moderatoren zwischen den Gruppen und Institutionen, sondern auch Vermittler und Übersetzer.[4]

Genauso wichtig wie das Wissen um die Ursachen und deren Konsequenzen ist auch das Wissen um verschiedene politische und soziale Lösungsansätze und Vorstellungen darüber, wie Armut beseitigt oder verhindert werden kann. Sozialarbeit/Sozialpädagogik ist im Kern immer auch Armutsbekämpfung.

1.4 Handeln in Organisationen

Soziale Arbeit findet vorwiegend in Organisationen statt, im Auftrag des Staates, der Kommunen, der Landkreise und Kirchen und der Verbände der freien Wohlfahrtspflege. Inzwischen wird professionelle Soziale Arbeit zunehmend auch von Selbständigen geleistet. Viele Fachkräften der Profession stehen in einem Arbeits- oder Dienstverhältnis als Beamte oder Angestellte im öffentlichen Dienst oder sind in den Verbänden der freien Wohlfahrtspflege tätig.

Auch das bürgerschaftliche Engagement ist i.d.R. organisiert. In zunehmendem Maße arbeiten Fachkräfte der Profession mit Einzelnen und Gruppen aus dem bürgerschaftlichen Engagement (z.B. Tafeln, Rotaryclub, Helfer/-innengruppen in Kirchengemeinden) zusammen.

Daneben wird Sozialarbeit/Sozialpädagogik durch übergeordnete Organisationen beeinflusst, in denen sich unterschiedliche Träger sozialer Arbeit (z.B. Deutscher Verein für öffentliche und private Fürsorge, BAG der freien Wohlfahrtspflege) zusammengeschlossen haben. Fachkräfte der Profession Soziale Arbeit, haben sich in Fach- oder Berufsverbänden (z.B. DBSH) in zahlreichen Arbeitsgemeinschaften (z.B. Landesarbeitsgemeinschaften und Bundesarbeitsgemeinschaften für Schuldnerberatung, Bewährungshilfe, Behindertenhilfe o.a.) zusammengeschlossen, um sich arbeitsfeldbezogen über Fachfragen zu verständigen und die deutsche Soziale Arbeit mitzugestalten.

Neben den Zusammenschlüssen der Praxis finden wir auch Zusammenschlüsse der Ausbildungsstätten (z.B. Fachbereichstag der Sozialen Arbeit) bzw. der Professoren und Lehrenden (z.B. Deutsche Gesellschaft für Soziale Arbeit).

Fachkräfte sind auch in entsprechenden Gewerkschaften oder Berufsverbänden organisiert. Studentinnen/Studenten sollten sich verstärkt mit dem mangelhaften Organisationsgrad von Fachkräften in Berufs- oder Interessenverbänden Sozialer Arbeit auseinandersetzen.

Besonders wichtig ist daher, dass man in der Sozialarbeit/Sozialpädagogik über ein fundiertes Wissen der unterschiedlichsten

Organisationsformen in der deutschen Wohlfahrtspflege verfügt. Wer etwas verändern will, muss sich der Organisationen bedienen. Daher muss in der Ausbildung neben der Information über vorhandene Organisationen auch eine Grundkenntnis über Strukturen, Vereinsrecht und Organisationssoziologie vermittelt und Auseinandersetzung ermöglicht werden.

Genauso wichtig ist zu wissen, wie die Soziale Arbeit in Deutschland heute organisiert und finanziert wird, d.h. Kenntnisse zu besitzen über unterschiedlichste Träger Sozialer Arbeit, die Strukturen der freien Wohlfahrtspflege in Deutschland, Veränderungen Sozialer Arbeit im Zusammenhang mit der Reform des Sozialstaates und über die Einführung des Marktprinzips in die Soziale Arbeit, deren Chancen und Folgen u.v.m.

1.5 Berufsgeschichte der Sozialen Arbeit

Für die Bildung einer beruflichen Identität als Sozialarbeiter/-innen ist es unabdingbar, dass Fachkräfte der Profession die Geschichte ihres Berufsstandes kennen. Dabei ist darauf zu achten, dass nicht nur die deutsche Berufsgeschichte vermittelt wird, sondern diese in einen Zusammenhang mit der europäischen und weltweiten Berufsgeschichte gestellt wird.

1.6 Politik und Verwaltung

Fachkräfte der Profession müssen wissen, wie Politik und Staat organisiert sind und in welchen Abhängigkeiten sie zueinander stehen. Am Beispiel der Sozialpolitik in der Bundesrepublik muss deutlich gemacht werden, wie gesellschaftliche Gruppen und Organisationen Politik beeinflussen und gestalten. Dazu gehört auch u.a., dass nicht nur informiert wird, sondern auch Auseinandersetzung über politische Strukturen und staatliches Handeln möglich ist. Studierende sollten auch Wissen über Soziale Systeme anderer Länder in Europa haben.

Notwendig ist in der Ausbildung auch die Vermittlung von Wissen und die diskursive Auseinandersetzung über die Rolle der beruflichen Sozialarbeit/Sozialpädagogik in unserem Land, die politische Funktion von Sozialarbeit/Sozialpädagogik und die Möglichkeiten der Beteiligung an der Gestaltung der Politik.

Weiter gehört dazu das Wissen über verschiedene politische Philosophien wie z.B. Kommunitarismus, Sozialismus, Liberalismus und die politikphilosophischen Grundlagen der Bundesrepublik Deutschland als freiheitlicher sozialer Rechtsstaat.

Das Schlagwort „Zivile Bürgergesellschaft" muss sowohl informativ als auch diskursiv behandelt werden, wie z.B. auch die „Veränderung des Sozialstaates" oder die „soziale Marktwirtschaft". Wesentlich in diesem Zusammenhang ist, dass Sozialarbeiter/-innen die grundlegende Philosophie des „Dritten Weges" von Anthony Giddens kennen, um diese in Bezug zu setzten mit den bisherigen bundesdeutschen Antworten (Sozial-, Arbeitsmarkt- und Gesundheitsreform).

1.7 Handeln mit Unterschiedlichkeit

Soziale Arbeit ist helfende Dienstleistung für Einzelne, Gruppen oder Gemeinwesen und in ihrer Beauftragung zugleich an sozialstaatlichen, fachlichen und ethischen Normen orientiert. Ausgangspunkt für das Handeln Sozialer Arbeit ist jeweils eine Differenz zwischen gegebener und von Klientel und/oder Gesellschaft erwünschter Situation (z.B. krank – gesund; erwerbslos – Einkommensbezieher; hilfebedürftig/-abhängig – selbständig/autonom usw.)

Soziale Arbeit beabsichtigt Hilfe, Interessensausgleich und Integration. In dieser Zielsetzung muss Soziale Arbeit im Spannungsfeld zwischen einer sich für eine immer weiter diversifizierenden Gesellschaft notwendigen Akzeptanz von Differenz resp. Unterschiedlichkeit (in dem „Anders"-Sein eines jeden Menschen) und dem Anspruch von gleicher Gültigkeit elementarer Rechte für alle Menschen (Recht auf Bildung, Recht auf menschenwürdiges Leben, Recht auf gleiche Teilhabe usw.) handeln.

Erschwert wird das hier notwendige Handeln, wenn Ungleichheit über geschlechtsspezifische, herkunftsbezogene – ethnische, kulturelle – sexuelle, physische oder demographische Unterschiedlichkeit konstruiert wird. Diese Konstruktionen finden ihren strukturellen und institutionellen Ausdruck in der Ausgrenzung von Teilhabe, in geringeren Rechtsansprüchen, in vermindertem Zugang zu Bildung und Beruf, in Diskriminierung, in niedrigerem Einkommen, aber auch in Rassismus, Sexismus usw.

Als Auftrag der Sozialen Arbeit werden in den letzten Jahren verstärkt Gleichstellungsarbeit, Antidiskriminierungsarbeit, Antirassismusarbeit und zuletzt die interkulturelle Arbeit und Gender Mainstreaming diskutiert.

1.7.1 Gender Mainstreaming

Insbesondere der Begriff des „Gender Mainstreaming" führte zu einer Erweiterung der bislang eher auf einzelne Segmente bezogenen Perspektive hin zu einem Ansatz, die Gleichstellung der Geschlechter auf allen gesellschaftlichen Ebenen durchzusetzen (4. UN-Weltfrauenkonferenz in Peking).

Danach sind Geschlechterrollen gesellschaftlich, sozial und kulturell geprägt und bewertet. Im Gender Mainstreaming kommt es darauf an, das gleichstellungsorientierte Handeln zum zentralen Bestandteil in allen Bereichen und Prozessen zu machen. Damit wird die persönliche, soziale und politische Dimension von Handeln angesprochen.

Im Ergebnis wird mit Gender Mainstreaming eine Strategie bezeichnet, um unterschiedliche Ausgangslagen und möglicherweise unterschiedliche Wirkungen von Maßnahmen auf Männer und Frauen systematisch zu berücksichtigen (wikipedia).

Gender-Kompetenzen

Grundlage für ein Handeln im Kontext von Gender Mainstreaming ist die Fähigkeit von Personen, bei ihren Aufgaben Gender-Aspekte zu erkennen und gleichstellungsorientiert zu bearbeiten („Gender-Kompetenz"). Zu berücksichtigen sind die Ebenen „Wollen", „Wissen" und „Können". Das „Wollen" bezieht sich zunächst auf die Zielsetzung des Eintretens für Gleichstellung (Gender-Kompetenzzentrum).

Gender-Wissen bedeutet, das eigene Professionsverständnis und das professionelle Handeln mit den Lebensbedingungen von Frauen und Männern und Geschlechternormen zu verknüpfen. Dies bedeutet insbesondere die Fähigkeit zu überprüfen, inwieweit Gender-Aspekte im Wissenschaft und Praxis der Sozialen Arbeit zu berücksichtigen sind.

„Können" umfasst die eigenen und die institutionellen Fähigkeiten, Gender-Aspekte in der Institution und in den Handlungsfeldern der Sozialen Arbeit zu identifizieren, um die Arbeit gleichstellungsorientiert zu gestalten.

1.7.2 Interkulturalität

In ähnlicher Weise hat auch die Soziale Arbeit mit/für Migrantinnen und Migranten eine Erweiterung erfahren. Ging es zu Beginn vor allem darum, Integration in eine Mehrheitsgesellschaft zu fördern und diese selbst vorurteilsfreier zu gestalten, beschreibt der Ansatz der Interkulturalität eine sehr viel weiter reichende Perspektive. Ausgehend von der wachsenden Akzeptanz und Notwendigkeit von Einwanderung und vorhandenen kulturellen Vielfalt gewinnt die „interkulturelle Öffnung" der Gesellschaft insgesamt an Bedeutung. Nicht das „Nebeneinander" kultureller Orientierungen, sondern die Entwicklung einer Gesellschaft mit gleichen Teilhabechancen steht im Mittelpunkt.

Interkulturalität beschreibt Unterschiedlichkeiten zwischen Individuen, die sich aus der Zugehörigkeit zu verschiedenen Kulturen/Gruppen ergeben. Die damit vermutete Verschiedenartigkeit wiederum kann als Ursache für Missverständnisse und Konflikte herangezogen werden. In der Praxis der interkulturellen Arbeit geht es um die Frage, wie diese gelöst bzw. vermieden werden können.

Interkulturelle Kompetenzen

Für die Soziale Arbeit weist dies auf die Notwendigkeit der Entwicklung einer interkulturellen Kompetenz hin. Sie beinhaltet im Wesentlichen die Fähigkeit (vgl. Zacharakis),

- interkulturelle Situationen und Zusammenhänge wahrzunehmen und die damit verbundenen möglichen Problemstellungen und Chancen zu begreifen;
- das eigene Bezugs- und Wertesystem zu sehen und Einstellungen, Verhalten und Handeln zu reflektieren;
- interkulturellen Austausch zu initiieren und Diskriminierungen entgegenzusteuern;
- Sensibilität für und in interkulturellen Lenrprozessen bei anderen zu fördern und zu entwickeln;
- Konflikte wahrzunehmen und zu deren Bearbeitung beizutragen;
- sich Wissen anzueignen
- und dies in die Gestaltung der eigenen „Organisationslandschaft" zu übertragen.

Diese Fähigkeiten beziehen sich auf Wissens- und Erfahrungsbestände zur (vgl. Fischer 2005):

- „Globalen Ebene" – Globales Denken als interkulturelle Schlüsselkompetenz eröffnet das Verständnis für die Grenzen des Nationalstaates und die Bedeutung der Globalisierung, insbesondere auch in Bezug auf die Migrationsströme.
- „Gesellschaftlichen Ebene" – damit sind die ökonomischen, politischen, rechtlichen und kulturellen Strukturen der Gesellschaft gemeint, die das Leben der Migrations-, aber auch der Mehrheitsgesellschaft prägen.
- „Institutionellen Ebene" – Hierzu gehört insbesondere die Berücksichtigung der Prägungen der für die Soziale Arbeit relevanten Institutionen, insbesondere auch der eigenen Einrichtung.
- „Ich-Ebene" – Notwendig ist die Reflexion der Wertvorstellungen aufgrund des eigenen kulturellen Hintergrundes. Grundlage für diese Fähigkeiten sind darüber hinaus die selbstkritische Haltung gegenüber der eigenen Berufsrolle, das Erlernens des Umgangs mit Irritation und Befremdung, Authentizität usw.
- „Wir-Ebene" – Auf dieser Ebene ist die „Echtheit, die Wertschätzung oder bedingungsfreie Akzeptanz des Klienten und präzises einfühlendes Verstehen oder Empathie angefragt. Grundlage hierfür sind sprachliche und kommunikative Kompetenzen, das Erkennen von handlungsprägenden Normen und Einstellungen, kulturabhängiger Rollenmuster usw.

Die unter der Begrifflichkeit der „interkulturellen Arbeit" zusammengefassten Kompetenzen sind zunächst unstrittig, gleichwohl bleibt zu problematisieren, dass der gesellschaftliche Wandel in Bezug auf Herkünfte, Rollenverständnis, Lebensentwürfe usw. auf einen herkunftsorientierten Kulturbegriff reduziert als Grundlage zur Erklärung von Konflikten herangezogen wird. „Die angeblichen Schwierigkeiten interkultureller Kommunikation werden zu den idealen Erklärungsmustern für jedwede konfliktbelastete Situation." (ZARA – Zivilcourage und Antirassismus Arbeit Wien)

Damit verbunden besteht die Gefahr des Ausblendens gesellschaftlicher Bedingtheit, der Reduzierung des Kultur-Begriffes auf ethnische bzw. nationale Herkunft und einer Konstruktion von Unterschiedlichkeit (z.B. in „Kulturkreise"), die keinen Raum für Binnendifferenzierungen innerhalb einzelner Gruppen lässt. Zudem bleibt es in der Verortung von beruflichem Handeln bei einer Praxis, die allein verständnis- und/oder verständigungsorientiert die Chancen von Vielfalt ausblendet.

Vergleicht man darüber hinaus die Ansätze von Gleichstellungsarbeit, Antirassismusarbeit, Gender Mainstreaming und Interkulturalität, so wird auch deutlich, dass die hier jeweils erforderlichen Kompetenzen und diskutierten gesellschaftspolitischen Zielsetzungen zahlreiche Überschneidungen aufweisen.

Infolgedessen hat sich ausgehend von den USA, später Großbritannien und den Niederlanden auch in der Bundesrepublik der Ansatz des „Management Diversity" entwickelt, der sich zunächst auf die Praxis erwerbswirtschaftlich tätiger Unternehmen konzentriert hat.

1.7.3 „Management Diversity"

Das Prinzip des Management Diversity und die damit verbundene Politik und Strategie geht von der Grundlage aus, dass wir in einer Gesellschaft der Verschiedenartigkeit und der Gleichheit leben. Insofern werden in dieser Strategie Ansätze des „Gender Mainstreaming" in der Zielsetzung der gesellschaftlichen Veränderung mit Ansätzen eines erweiterten Begriffes der Interkulturalität, verstanden als positive Akzeptanz von Unterschiedlichkeit, miteinander in Verbindung gebracht.

Diese Verschiedenartigkeit wird verstanden als Folge einer zunehmenden Vielfalt an Kulturen, Lebensentwürfen, Orientierungen, Eigenschaften, Eigenheiten usw., die bestimmten Gruppen innerhalb einer Gesellschaft zugeschrieben werden, und ist der Tatsache zuzuschreiben, dass auch diese Gruppen innerhalb einer Gesellschaft selbst nicht homogen sind und es zwischen und innerhalb der Gruppen Trennendes und Verbindendes gibt.

- Managing Diversity bewegt sich zwischen (zum Teil restriktiven) gesellschaftlichen Diskursen zu Themen wie „Gleichstellung", „Einwanderung"/„Herkunft", „Behinderung" usw. auf der einen und der rechtlichen und (auch) wirtschaftlichen Notwendigkeit der Akzeptanz von Unterschiedlichkeit, internationaler Arbeitsteilung und Kommunikation auf der anderen Seite.
- Managing Diversity greift die Ambivalenz unterschiedlicher Werthaltungen im einzelnen Menschen auf, macht sie bewusst und

sucht nach Wegen der Vernetzung dieser Unterschiede über die Veränderung der funktionalen und/oder informellen Kommunikation in Unternehmen und Organisationen.

- Managing Diversity ist eine langfristig angelegte Veränderungsstrategie, um eine Organisation zu aktivieren, ihre grundlegenden Werte und ihre Kultur zu überprüfen und zu bestimmen, ob alle Angestellten ihr volles Potential und ihre maximalen Beiträge zum Erfolg der Organisation erreichen können. Wirkungsvolles „Management der Verschiedenartigkeit" fördert Respekt für die Unterschiede und die Ähnlichkeiten, die jede Person zum Arbeitsplatz holt.
- Managing Diversity hat mit seinen Maßnahmen einen vielfachen Mehrwert:
  Sie erschließt neue Nachfragepotentiale, nutzt personelle Ressourcen, verbessert die betriebliche Kommunikation, fördert die Corporate Identity und minimiert Reibungsverluste in der (auch internationalen) Zusammenarbeit.
- Managing Diversity in der Sozialen Arbeit eröffnet einen ressourcenorientierten Zugang zur jeweiligen Zielgruppe, tritt für die gleiche Gültigkeit gesellschaftlicher Normsetzungen ein und fördert zugleich den gleichen Zugang zu gesellschaftlichen Angeboten.

Aufgabe einer sinnvollen Diversitätsstrategie ist es einerseits, diese Tatsache der Verschiedenartigkeit abseits eines statischen Kulturbegriffes bewusst zu machen, und andererseits, Strategien zu entwickeln, wie mit dieser Tatsache produktiv umgegangen werden kann, um den bestmöglichen Nutzen daraus zu ziehen – um als Ergebnis Chancengleichheit, Akzeptanz von Unterschiedlichkeit und Teilhabe zu erreichen.

Fokus des Konzepts von Diversity sind – im Gegensatz zu Interkulturalität, sowohl das Individuum als auch die Gruppe und das Individuum als deren Teil, die institutionellen und gesellschaftlichen Rahmensetzungen sowie die Zielsetzung einer produktiven Gestaltung von Unterschiedlichkeit.

Im Konzept des Management Diversity verbinden sich Elemente von Gleichstellungspolitik und wahrnehmungs- und organisationsbezogener Zielsetzungen.

Während die Gleichstellungspolitik überwiegend normativ (durch gesetzliche Regelungen) wirksam werden will – mit der Gefahr nur geringer Nachhaltigkeit –, will Diversity über eine freiwillige Orientierung, die den Nutzen für alle Beteiligten in den Vordergrund stellt, Gleichheit wahrnehmbar machen und nachhaltig sichern.

Damit verlangt Management Diversity besondere Kompetenzen auf individueller und politischer/struktureller Ebene:

1.7.4 Das Selbst der Sozialen Arbeit im Kontext von Gleichstellung, Gender, Interkulturalität und Kultur

Die Migration von Menschen, der Austausch von Waren und Geld, die Aufteilung in Arm und Reich, auch in den „entwickelten" Gesellschaften selbst, ist nur ein Ausdruck einer sich immer weiter globalisierenden Welt. Umgekehrt globalisieren sich auch die Bestände an Theorie- und Handlungskompetenz auf Seiten von Wissenschaft, Sozialer Bewegung, Gewerkschaften und so auch von Sozialer Arbeit.

Sozialarbeiter/-innen müssen daher in der Lage sein, sich selbst als Teil einer weltweiten Gemeinschaft im Ringen um soziale Gerechtigkeit, Gleichstellung und umfassende Teilhabe zu sehen. Dazu notwendig sind nicht nur mehrsprachige Kompetenzen, sondern auch das Erkennen der globalen Konstruktion von Ungleichheit und der Nutzen der in nationalen und internationalen Systemen vorhandenen Wissens- und Erfahrungsbestände und Problemlösungsverfahren.

1.8 Qualitätsentwicklung/-management

Sozialarbeiter/-innen, Sozialpädagogen/-pädagoginnen müssen die Grundlagen von Qualitätsentwicklung und Qualitätsmanagement kennen, weil diese in Zukunft eine weitaus stärkere Rolle bei der Gestaltung sozialprofessioneller Leistungen spielen werden.

Fachkräfte müssen wissen, dass es bei der Qualitätsentwicklung nicht um eine „objektiv" gute Qualität geht, sondern um das Einlösen von vorab festgelegten Standards. Diese Standards sind letztlich das Aushandlungsergebnis zwischen staatlichen Strukturen (Politik), den sie beeinflussenden Interessen (Wirtschaft, Verbände, Gewerkschaften, usw.), den gesetzlichen Verpflichtungen und den an der Umsetzung Sozialer Arbeit beteiligten Kostenträgern.

Es muss ihnen klar sein, dass in privatwirtschaftlichen Zusammenhängen Qualität als langfristig über die Kunden-Nachfrage beeinflusste Einlösung eines Standards zwischen Ertragsinteresse, optimaler Leistungserstellung, Produktqualität und Kundenzufriedenheit und Nachfrage zu definieren sind. Qualitätsstandards in der Sozialen Arbeit werden wesentlich über die Macht und den Einfluss politischer und ökonomischer Interessen bestimmt (sozialstaatlicher Korporatismus).

Weiter muss ihnen deutlich sein, dass Gesellschaft, Kostenträger und die Klientel von professioneller Sozialer Arbeit das Recht haben, von der Profession Transparenz zu verlangen und dass die Profession Soziale Arbeit sich durch den Nachweis ihres Nutzens für die Gesellschaft legitimieren kann und muss.

Dies erfordert von der Profession die Befähigung zum Einmischen in die Diskussion um Qualität auf der Grundlage der Beschreibung der ethischen Maßstäbe[5] und ihres Auftrages als „Menschenrechtsprofession“[6]. Darüber hinaus braucht die Profession Soziale Arbeit eine gemeinsame Grundlage für die Auseinandersetzungen, nämlich die konkreten „Aushandlungsprozesse” vor Ort, mit Trägern und mit Kostenträgern.

Sozialarbeit/Sozialpädagogik muss über die jeweiligen Arbeits- und Berufsfelder beschreiben, was sie erreichen will (Ziele), was sie leistet, wie sie arbeitet (Prozess und Programm) und welche Bedingungen für eine erfolgreiche Soziale Arbeit notwendig sind (Struktur). Dabei ist die Frage nach Effizienz (Wirtschaftlichkeit der eingesetzten Mittel) und nach Effektivität (größtmögliche Wirksamkeit der eingesetzten Mittel) zu klären.

Professionelle Soziale Arbeit bedient sich der verschiedenen Instrumente des Qualitätsmanagements wie z.B. TQM, EFQM, ISO.

2. Kennzeichen

Sozialarbeiter/-innen sind in der Lage

- zu erkennen, wenn das „Anderssein" genutzt wird, um Unterschiede im Zugang zu politischen und sozialen Rechten zu rechtfertigen – oder umgekehrt politische oder soziale Rahmensetzungen Unterschiedlichkeit abseits der Selbstbeschreibung der jeweiligen Gruppe erst konstruieren.
- entsprechende rechtliche, strukturelle und institutionelle Vorgaben und Verfahren (etwa in Tarifverträgen, in der Gestaltung der Arbeitsplätze, im Bildungssystem, im Zuwanderungsrecht, im Familienrecht usw.) zu erkennen.

Sozialarbeiter/-innen

- sollen auf Formen der Ausgrenzung entsprechend ihrer ethischen /menschenrechtsprofessionbezogenen Haltung reagieren wollen. Dazu gehört insbesondere auch das Entwickeln und Beachten gleichstellungsfördernder rechtlicher und dienstlicher Vorgaben.
- erkennen die Unterschiedlichkeit von Menschen und auch Organisationen, akzeptieren sie und gehen mit ihnen wertschätzend um (Ambiguitätstoleranz), soweit nicht menschenrechtliche und demokratische Prinzipien angegriffen werden,
- sind fähig, ihr berufliches auf die jeweiligen Zielgruppen bezogenes Handeln so zu gestalten, dass Unterschiedlichkeit als produktive Erweiterung im Umgang miteinander und in der Gestaltung der Lebenswelt erfahren werden kann.
- sollen im Laufe ihrer Ausbildung, aber auch in der späteren beruflichen Praxis eine Haltung entwickeln und bewahren, die von Neugierde auf den/die Menschen, ausgehend von einer Position des „Nicht-schon-über-sie-wissen", geprägt ist und auf Zuschreibungen wie Geschlecht, nationale Herkunft, religiöse Orientierung usw. als alles erklärende Faktoren für das „Anderssein" des Anderen verzichtet. Notwendigen Kompetenzen hierbei sind (Hogen):
  - Die Anerkennung der differierenden Identität des Anderen
  - Die Bereitschaft zur Auseinandersetzung
  - Die Bereitschaft, wieder zum Eigenen zurückzukehren

  - Die Bereitschaft, sich gleichzeitig auf die mögliche Andersheit des eigenen Selbst einzulassen

  Damit verbunden sind dialogische Kompetenzen im Sprechen und Zuhörenkönnen.
- verfügen zugleich über kommunikative und interkulturelle Kompetenzen, um in der Unterschiedlichkeit ihrer Zielgruppen und der Organisationen, in und mit denen sie agieren, adäquat handeln zu können. Dabei bedarf es eines Grundverständnisses von Kultur, das die Dimensionen Zeit, Aktivität, Beziehungen und Natur/Umwelt in ihrer Wandelbarkeit umfasst und sowohl die individuelle und organisationsbezogene Prägung von Kultur und Unterschiedlichkeit beinhaltet.
- sind in der Lage zu reflektieren, wann die Praxis Sozialer Arbeit selbst in der Konstruktion von Attributierungen wie z.B. Hilfebedürftigkeit oder „Kultur" hierzu einen Beitrag leistet.
- können das System der Dienstleistungserbringung in ihrem eigenen Beruf vor dem Hintergrund der Dimension der Anerkennung von Diversität und Gerechtigkeit bewerten und entsprechend handeln.

Darüber hinaus muss Soziale Arbeit überprüfen, inwieweit sie selbst Prozessen der Ausgrenzung unterworfen ist. Dies beinhaltet Fragestellungen nach der

- Wertigkeit des Sozialen,
- Akzeptanz der mit dem Beruf verbundenen sozialen Kompetenzen,
- Entlohnung und dem beruflichen Status der in der Sozialen Arbeit Beschäftigten, insbesondere vor dem Hintergrund eines Frauenanteils von über 70 %,
- Berücksichtigung von Menschen anderer nationaler und/ oder ethnischer Herkunft im Berufszugang,
- soziokulturellen und geschlechter-gerechten Verteilung von Berufsrollen usw.

Sozialarbeiter/-innen, Sozialpädagogen/-pädagoginnen verfügen über Grundkenntnisse

- in mindestens einer Gesellschaftstheorie (z.B. Habermas, Luhmann),

- mindestens einer sozialwissenschaftlichen Grundlage,
- in ökonomischem Denken und Handeln,
- gesellschaftlicher, sozialer und kulturellen Zusammenhänge von Armut und Reichtum,
- über die Ursachen von Armut und deren Konsequenzen (z.B. Gesundheit, Bildung),
- wie Organisationen entstehen, agieren und deren Möglichkeiten und Störungen,
- der wichtigsten sozialen Organisationen in Deutschland,
- der gewerkschaftlichen, fachlichen Organisationen und Berufsverbände der Sozialen Arbeit,
- der Berufsgeschichte der Sozialen Arbeit in Deutschland (dazu gehört auch die Soziale Arbeit in der ehemaligen DDR),
- der Organisation von Politik und Staat und in welchen Abhängigkeiten sie voneinander stehen,
- über die Einflussmöglichkeiten Sozialer Arbeit in der Sozialpolitik,
- der Qualitätsentwicklung.

3. Ausbildung/Studium – Lerninhalte

Sozialwissenschaftliche Gesellschaftstheorien und sozialwissenschaftliche Grundlagen

- Grundlagen mindestens einer Gesellschaftstheorie (wie z.B. Lebenswelt – System nach Habermas)
- Sozialwissenschaftliche Grundlagen, wie z.B. Netzwerk und Sozialraumtheorie

Grundlagen der Ökonomie

- Definition: Was ist Wirtschaft, ihre Aufgaben und Funktion in Staat und Gesellschaft und deren Konsequenzen
- Wirtschaftsgeschichte: von der Industrialisierung zur Informationsgesellschaft

- verschiedene Wirtschaftstheorien: Kapitalismus, Sozialismus, neoliberale Theorien
- betriebswirtschaftliche Grundlagen (Kostenberechnung, Wirtschaftsplan, Bilanz, Finanzierung, Controlling)
- Markt und Wettbewerb in der Sozialen Arbeit
- Ökonomisierung der Sozialen Arbeit
- Grundlagen von Marketing
- Entgeltvereinbarungen (Pflegesätze, Leistungsvereinbarung, Zuwendungsvertrag)
- Privatisierung und Selbständigkeit in der Sozialen Arbeit
- Fundraising/Sponsoring
- Funktion der Arbeitsmärkte (drei Sektoren)

Staat und Ökonomie

- Zusammenhänge von wirtschaftlichem Handeln und staatlicher „Wohlfahrt"
- Sozialstaatskonzepte: Soziale Marktwirtschaft, (neo-)liberale Wirtschaftskonzepte, Der dritte Weg (A. Giddens) – Aktivierender Staat

Diversität in der Sozialen Arbeit

- Grundverständnisses von Kultur, das die Dimensionen Zeit, Aktivität, Beziehungen und Natur/Umwelt in ihrer Wandelbarkeit umfasst und sowohl die individuelle und organisationsbezogene Prägung von Kultur und Unterschiedlichkeit beinhaltet
- Wissen über andere Kulturen (unterschiedliche Kulturtechniken, Lebensformen etc.)
- Umgang mit Fremdsein, Fremden

Armut/Reichtum

- Definition von Armut und Reichtum/Forschungsansätze (z.B. Huster, Iben)
- Theorien zur Entstehung von Armut
- Armut in Deutschland und Zusammenhänge mit der weltweiten Armut
- Gegenkonzepte – Armutsbekämpfungskonzepte (weltweit)

Grundlagen von Organisationen

- Die wichtigsten Organisationen der Sozialen Arbeit in Deutschland
- Entstehen – Aufbau und Struktur von Organisationen – allgemein
- Organisationsformen von Unternehmen im sozialen Bereich

Das System der freien Wohlfahrtspflege in Deutschland (Aufbau und Funktion)

- Formen der Beteiligung an der Politik durch Organisation (berufliche, sozialpolitische Vereinigungen, Gewerkschaften, Arbeitsgemeinschaften)

Geschichte der Profession

- Selbstorganisation der Fachkräfte der Profession Soziale Arbeit in Berufsverbänden und Gewerkschaften
- Die wichtigsten Verbände der Professionellen Soziale Arbeit (z.B. DBSH, Gewerkschaften, Deutsche Gesellschaft für Soziale Arbeit)
- Historische Entstehung der professionellen Sozialen Arbeit in Deutschland und Europa
- Das System der Freien Wohlfahrtspflege
- Organisationsformen der Wohlfahrtspflege in Deutschland und Europa und strategische Ansätze des Einwirkens auf Organisationen
- Öffentliche und private Soziale Arbeit
- Geschichte der öffentlichen und privaten Fürsorge und der Profession in Deutschland und Europa

Politisches Handeln

- Definition politischen Handelns: politische Philosophien (z.B. Liberalismus, Kommunitarismus, Sozialismus), Staatsformen
- Organisation von Politik: parlamentarisches System, Gesetzgebung, Organisation kommunaler Selbstverwaltung, Bürgerbeteiligung – Lobbying – Vereine und Organisationen
- Die BRD im Verhältnis zu Europa: Einfluss der EU auf die Realpolitik in Deutschland (Wettbewerb, Markt contra Daseinsvorsorge;

Gesetzesvorhaben) und deren Auswirkung auf die Sozialpolitik in Deutschland
- Umbau des Sozialstaates: Theorie des „Dritten Weges“ v. Anthony Giddens, Auswirkungen und Umsetzungen des „Dritten Weges“ in der realen Politk der BRD (z.B. Hartz, Gesundheitsreform, Föderalismusdebatte)
- Die Rolle bzw. Funktion der beruflichen Sozialen Arbeit in Deutschland, Europa und weltweit

Grundlagen der Qualitätsentwicklung

- Definition von Qualität
- Grundlagen von Qualitätsentwicklung (TQM, EFQM, ISO)
- Qualitätsentwicklung und Soziale Arbeit (Notwendigkeiten, Möglichkeiten und Grenzen, Qualitätsentwicklungsvereinbarung)
- Qualität der Sozialen Arbeit am Beispiel der Qualitätskriterien für Soziale Arbeit des DBSH
- Berichtswesen
- Qualitätsentwicklung und Qualitätsmanagement
- Projektmanagement

Anmerkungen

1 vgl. Scherpner, H.: Theorie der Fürsorge, Göttingen 1974 versus Hollstein/Meinhold: Sozialarbeit unter kapitalistischen Produktionsbedingungen, Frankfurt/M. 1993, siehe auch Peters: Moderne Fürsorge und ihre Legitimation – eine soziologische Analyse der Sozialarbeit, Köln u. Opladen 1968

2 D.h. Leistungen von Fachkräften in der Sozialen Arbeit werden zunehmend nach Gesetzen des Marktes finanziert.

3 D.h., dass Sozialarbeiter/-innen aufgrund ihrer Aufgabe, die sich aus dem

Selbstverständnis der Profession als Menschenrechtsprofession ergibt, auf der Seite derer stehen müssen, deren Menschenwürde bedroht ist. Dies gilt dort, wo berechtigte Ansprüche der Klientel gegenüber Stärkeren durchgesetzt werden müssen, und dort, wo Menschen aus der Gesellschaft ausgegrenzt werden und dadurch auch von der Teilhabe an Dienstleistungen und Gütern, die zu einem menschenwürdigen Leben notwendig sind, abgekoppelt werden.

4 vgl. auch Kapitel VIII: Personale und kommunikative Kompetenz

5 vgl. DBSH: Berufsethische Prinzipien, Essen 1999

6 vgl. Staub-Bernasconi, Silvia: Soziale Arbeit als „Menschenrechtsprofession“. In: Wöhrle, Armin (Hrsg.): Profession und Wissenschaft Sozialer Arbeit, Pfaffenweiler 1998, S. 305-332

3

Kapitel III: Strategische Kompetenz

1. Einführung

Strategische Kompetenz ist eine wesentliche Voraussetzung zur Ausübung professioneller Sozialer Arbeit.

Soziale Arbeit war immer strategisch ausgerichtet; strategisch in dem Sinn, dass es für berufliches Handeln einen Plan des Vorgehens gibt, der allen Beteiligten Orientierung bietet. Auf der Grundlage der Erfahrungen von Sozialarbeiterinnen und Sozialarbeitern entstanden verschiedene Ansätze, berufliches Handeln zu überprüfen, berufliche Kompetenz zu steigern" und Fehler zu vermeiden.[1]

Diese Kompetenz tangiert alle dargestellten Kompetenzen; das strategische Element ist das Bindeglied aller Schlüsselkompetenzen. Sie ermöglicht, dass Sozialarbeiter/-innen sozialadministrative Tätigkeiten sowohl in öffentlichen Verwaltungen, in Einrichtungen der freien Wohlfahrtspflege oder auch freiberuflich ausüben können; ebenso Klienten im Umgang mit der Sozialadministration zu begleiten, zu befähigen und für deren Rechte einzustehen. Strategische Kompetenz macht es möglich, die unterschiedlichsten Notlagen der Klientel entsprechend einzuordnen, deren strukturelle Ursachen zu erkennen und Lösungsstrategien zu entwickeln (Anamnese, Diagnose).

Professionelle Soziale Arbeit nimmt Einfluss auf die sozialräumliche Entwicklung der Lebensbedingungen von Menschen, um dem Klientel menschenwürdige Lebenschancen durch Mitverantwortung und Mitentscheidung zu ermöglichen. Sie hilft, die vielgestaltigen gesellschaftlichen sozialen Dienstleistungsangebote erreichbar zu machen, diese in ihrer Wirksamkeit zu kontrollieren und zu optimieren.

Zur strategischen Kompetenz gehört auch die Mitwirkung an Sozialplanung und Einwirkung auf Richtlinien, Erlasse und Gesetze. Sozialarbeiter/-innen erschließen Ressourcen vor Ort und fördern die Zusammenarbeit aller beteiligten Personen und Organisationen. Fachkräfte der Profession Soziale Arbeit verschaffen den Interessen Benachteiligter Geltung durch rechtliche, ggf. politische Vertretung und Öffentlichkeitsarbeit.[2]

Mit dieser Kompetenz werden das Wissen aus den Bezugswissenschaften und die Handlungskompetenzen im Berufsalltag zusammengeführt und werden zum sozialarbeiterischem Handeln. D.h. die im Folgenden einzeln dargestellten Kompetenzen werden dadurch erst zur sozialarbeiterischen Kompetenz.

Strategisches Handeln kann und muss erlernt werden.

2. Definition

Unter Strategischer Kompetenz in der Sozialen Arbeit wird die Fähigkeit verstanden, überlegt, geplant und auf klare Ziele bzw. Wirkungen hin zu handeln. Dies kann nur unter Einbeziehung professionellen sozialarbeiterischen Wissens, der Beachtung der Ressourcen des Klienten (der Gruppe oder des Gemeinwesens) und dem Berücksichtigen der unterschiedlichen Interessen (auch im Sozialraum) erfolgen. Grundsätzlich soll die Kommunikation zwischen Klienten und Gruppen innerhalb des Gemeinwesens ermöglicht, Lösungen für die jeweils zu bearbeitenden Probleme erarbeit und/oder zukünftige Probleme verhindert werden (Prävention). „Strategisches Handeln meint auch das systematische und gezielte Handeln unter Berücksichtigung der vorhandenen Rechte und Strukturen als Mitarbeiterin einer Organisation. Strategisches Handeln in der Sozialen Arbeit umfasst drei Faktoren: Wirken, Verfahren und das strategische Moment. Das Wirken meint die bewusste Einflussnahme auf wechselseitige Bezüge zwischen Menschen, Organisationen und Institutionen. Das Verfahren steht für das bewusste Formen der Bezüge zwischen Menschen, Organisationen und Institutionen. Das strategische Moment meint das bewusste und verbindliche Verankern der Auftragserledigung unter Berücksichtung der beiden Faktoren Wirken und Verfahren."[3]

Dazu gehört neben dem Einbeziehen von Wissen auch die Handlungskompetenz, die zum Teil durch die Methoden der Sozialen Arbeit erreicht werden (s.a. Kapitel IV Methodenkompetenz). Sie verfügen auch über die Fähigkeit, Problemsituationen zu analysieren und zu diagnostizieren, diese mit dem vielfältigen Wissen und den Handlungskompetenzen der Klienten, der Gruppen oder des Gemeinwesens zu verknüpfen und daraus situationsangepasste Handlungsstrategien (Handlungen) abzuleiten.

Ziel der Beratung ist u.a. dass die Klienten nach der Beratung über mehr Handlungskompetenz zur Bewältigung ihrer Alltagsprobleme und dem entsprechenden Wissen verfügen, z.B. über rechtliche oder soziale Faktoren ihrer Probleme. Methoden der Erwachsenenbildung sind sowohl in der Einzelfallhilfe als auch in der sozialen Gruppenarbeit und in der Gemeinwesenarbeit eine Hilfe zur Eigenständigkeit und zur Herausbildung der Fähigkeit, Verantwortung für sich, das eigene Handeln und das Umfeld zu übernehmen.

Zu dem notwendigen Wissen gehören unter anderem auch das Wissen um die Funktion öffentlicher Verwaltung und insbesondere der Sozialadministration, die Art und Weise ihrer Kommunikation, verwaltungsrechtliche Bestimmungen, das Kennen der entsprechenden Instrumente der Verwaltung und die Fähigkeit, Klienten, Gruppen oder Gemeinwesen mit der Administration zielbezogen und ergebnisorientiert in Kommunikation zu bringen (s.a. Kapitel VII Sozialadministrative und Kapitel VI sozialrechtliche Kompetenz).

Weiter gehört dazu, die Fähigkeit das Wissen, die Methoden und Techniken aus den folgenden Schlüsselkompetenzen zusammenzuführen und im Hilfeprozess anzuwenden. Strategische Kompetenz meint auch die Fähigkeit, interdisziplinär arbeiten zu können, d.h. das Wissen der Bezugswissenschaften und entsprechende Methoden in sozialarbeiterisches Wirken einzubinden oder umzusetzen.

Fachkräfte der Profession Soziale Arbeit bewegen sich immer zwischen „System“ und „Lebenswelt“ der Betroffenen und haben nicht nur Moderations- oder Übersetzerfunktion, sondern auch die Aufgabe, die Kolonialisierung der Lebenswelten[4] zu verhindern.

Um Probleme oder Konflikte des Einzelnen mit sich oder Anderen im Sozialen Umfeld verstehen und deuten zu können, ist ein fundiertes Wissen über das Entstehen von Problemen oder Konflikten im Verlauf der Sozialisation, über psychologische bzw. intrapersonelle oder intrapersonale Vorgänge, über Gruppenphänomene und soziologische Grundlagen (s. Kapitel VIII, Personale und kommunikative Kompetenz) nötig.

Sozialarbeiter/-innen müssen ihr berufliches Handeln immer wieder auf der Grundlage von Praxisforschung und Evaluation überprüfen und entsprechend korrigieren (siehe Kapitel X „Kompetenz zur Praxisforschung/Evaluation“).

3. Kennzeichen

Sozialarbeiter/-innen, Sozialpädagogen/-pädagoginnen

- arbeiten auftragsbezogen und zielgerichtet auf der Grundlage ihres Fachwissens und -könnens. Gleichzeitig wird die Arbeit für Dritte nachvollziehbar.
- arbeiten erfolgsorientiert. Sie messen ihr berufliches Handeln an Kriterien, die sich aus der zielgerichteten Auftragserledigung ableiten.
- werten Ergebnisse aus, dokumentieren ihre Arbeit und bekennen sich zu ihrem Erfolg. Sie nehmen ihn für sich in Anspruch, indem sie durch ihre Zielgerichtetheit und die daraus entstehende Messbarkeit den Erfolg nachweisen können. Aus der Verknüpfung dieser Kennzeichen kann die strategisch richtige Auftragserfüllung abgeleitet werden.“[5]

- sind fähig, theoretisches Wissen und Handlungswissen aus den verschiedenen Schlüsselkompetenzen für die Nutzer (Klienten) zur Lösung ihrer Probleme verfügbar zu machen, damit diese ihr Leben zufrieden stellend gestalten können. Dazu gehören u.a. gute Sozialrechtskenntnisse (s. sozialrechtliche Kompetenz) sowie das Grundlagenwissen in Psychologie, Soziologie und Pädagogik (s. personale und kommunikative Kompetenz).
- können im sozialprofessionellen Beratungs- bzw. Hilfeprozess auch Wissen an die Klienten vermitteln.

4. Ausbildung/Studium – Lerninhalte

Theorien gesellschaftlicher Problembereiche

- Einführung in die Soziologie
- Sozialisation und Familie
- Soziologie von Altersphasen
- Soziologie abweichenden Verhaltens
- Soziale Ungleichheiten

Soziale Sicherung

- Systematik des Sozialen Sicherungssystems der Bundesrepublik Deutschland in Verbindung mit der EU
- Grundlagen von Sozialversicherung, Fürsorge und Versorgung
- Geschichtliche Entwicklung und aktuelle Probleme

Politisches Handeln

- Grundlagen des politischen Systems der BRD
- Gestaltungs- und Beteiligungsmöglichkeiten in der Politik am Beispiel der freien Wohlfahrtspflege und Verbänden der Sozialen Arbeit
- Soziale Arbeit als politisches Handeln

Theorien sozialberuflichen Handelns

- Institutionalisierung und Professionalisierung sozialer Arbeit
- Administrative Strukturen und Handlungsformen im Sozialwesen
- Grundlagen der Gruppensoziologie und Gemeinwesenarbeit[6]

Handeln in Organisationen und Politikfeldern

Grundlagen der Organisationssoziologie

Kenntnisse der politischen Entscheidungswege

Moderations- und Kommunikationskompetenzen (siehe personale und kommunikative Kompetenzen)

Planungskompetenz

Interdisziplinäres Arbeiten/Strategien der Hilfe

Fallarbeit unter Einbeziehung der nachfolgenden Kompetenzen

Anmerkungen

1 Gosejacob-Rolf, Hille u.a.: Strategische Sozialarbeit, DBSH Essen 1997, S. 20

2 vgl. DBSH: Berufsbild für Diplom-Sozialarbeiterinnen/Sozialarbeiter, Essen 1997

3 siehe auch Gosejacob-Rolf, a.a.O., S. 20 f.

4 Kolonisation von Lebenswelten meint hier das Besetzen und Definieren von Lebenswelten durch Begrifflichkeiten und Erklärungen der Systeme, d.h. zu definieren, was korrekt, was richtiges und falsches Verhalten ist, wie man zu leben hat, was normal ist usw.

5 Gosejacob-Rolf, a.a.O., S. 23

6 ebd.

4

Kapitel IV: Methodenkompetenz

1. Einführung

Der Methodenbegriff entzieht sich nach Meinung vieler Autoren einer einfachen Definition, „vielmehr ist er unklar und vieldeutig“.[1]

Es ist unabdingbar, dass Sozialarbeiter/-innen nach Abschluss ihres Studiums über methodische Grundkompetenzen verfügen, die im Laufe des Berufslebens ausgebaut und spezialisiert werden.

Eine Schwierigkeit besteht darin, dass die traditionellen Methoden der Sozialen Arbeit eher Arbeitsweisen bzw. Sozialformen der Hilfe sind. Aufgrund der Entwicklung in der deutschen Sozialen Arbeit nach 1945 haben viele Techniken oder Methoden Einzug gehalten, die aus therapeutischen Schulen übernommen und in manchen Fällen von der Sozialen Arbeit adaptiert wurden – vor allem im Bereich der Einzelfallhilfe. Die Trennunglinie zwischen Beratung und Therapie ist häufig unscharf. Dies liegt unter anderem in der Natur der Sache und auch in der oft unkritischen Haltung von Fachkräften der Profession Soziale Arbeit bei der Übernahme von psychologischen Therapien in sozialarbeiterisches Handeln.[2]

Eine Weiterentwicklung spezieller sozialarbeiterischer Methoden ist aufgrund der „verlorenen Zeit“ in den 30er Jahren und eines Forschungsrückstands erst nach 1945 wieder möglich geworden. Die erzwungene Emigration vieler Pionierinnen der Sozialarbeit/Sozialpädagogik bewirkte ebenso wie eine teilweise Anpassung an nationalsozialistische Doktrinen einen Stillstand in der Weiterentwicklung beruflicher Standards. Die Problematik einer eigenständigen Methodenentwicklung geht einher mit der Herausbildung einer Sozialarbeitswissenschaft, die nach wie vor umstritten ist und (noch) nicht so recht in Gang kommt, wenngleich es erste elaborierte Ansätze hierzu gibt.[3]

Bei allen theoretischen Schwierigkeiten ist es zwingend, dass Studierende nach Abschluss des Studiums Methoden nicht nur theoretisch kennen, sondern auch methodische Fähigkeiten und Techniken anwenden können, die es ihnen ermöglichen, Nutzerinnen und Nutzer in vielfältigen Problemlagen zu unterstützen und ihnen zu einem Gelingen ihres Alltags zu verhelfen.

2. Definition

Methodenkompetenz meint die Fähigkeit, planmäßig und reflektiert handeln zu können sowie Verfahren bzw. Vorgehensweisen der Sozialen Arbeit zu kennen, zuordnen und anwenden zu können. Dies beinhaltet sowohl die Gegenstands-/Problembestimmung als auch die Handlungsziele.[4] Methodenkompetenz ist auch das selbstreflektierte Handhaben, d.h. Methoden auch hinsichtlich ihrer Passung zur Person des/der Sozialarbeiter/-in zu überprüfen. Diese Methoden beinhalten eine Vielzahl von „Techniken“ auf der Grundlage verschiedenster sozialarbeiterischer Konzepte und Schulen.

Der Begriff der „Methode“ steht nach einer früheren Definition des amerikanischen Berufsverbandes für eine systematische Vorgehensweise und umfasst die Einzelhilfe, die soziale Gruppenarbeit und die Gemeinwesenarbeit.[5] Sie ist der verantwortliche, bewusste, systematische Einsatz der eigenen Person ... in einer Beziehung zu einem Individuum oder einer Gruppe.“[6]

Der Methodenbegriff in der Sozialen Arbeit ist umstritten. Die Grenzen zwischen den drei „klassischen Methoden“ Einzelfallhilfe,

Gruppenarbeit und Gemeinwesenarbeit, so schreibt Michael Galuske (1998, S. 159 ff.), werden in den neueren Konzepten Sozialer Arbeit zunehmend aufgelöst: Diese integrieren unterschiedliche Elemente (z.B. Netzwerkgedanke im Casemanagement; gruppen- und einzelfallförmige Elternarbeit in der Heimerziehung) oder richten sich auf die Klient-Fachkraft-Ebene (z.B. Supervision) oder das Hilfesystem selbst (z.B. in der Organisationsberatung oder in der Jugendhilfeplanung). Insoweit gewinnen so genannte „sekundäre" Methoden (Krauß 1996, S. 396) an Relevanz, wenn man sie in eher klientenbezogene Methoden zur Planung und Strukturierung der Interaktionen und professionsbezogene Methoden auf der anderen Seite unterscheidet. Erstere können sowohl individuum- oder famlienzentriert im engeren sozialen Nahraum der Klienten/Klientinnen als auch gruppen- und sozialraumbezogen im Lebensfeld ausfallen (Galuske 1998, S. 151).

Es ist erforderlich, dass Sozialarbeiter/-innen soziale Techniken, Interventionsformen und Arbeitsformen erlernen, die es ihnen ermöglichen, Klienten in der Gestaltung ihres Lebensalltags zu unterstützen. Sie sollen dazu befähigt werden, Probleme selbständig zu bewältigen und/oder Lebenskrisen zu meistern.

Im Folgenden haben wir die klassischen Methoden der Sozialarbeit übernommen. Sie bilden einen Bezugsrahmen für die Anwendung spezifischer Methoden und Techniken der Sozialen Arbeit. Sie sind jedoch nicht mit einer Methode (i.S. von Technik oder Arbeitsweise) gleichzusetzen.

3. Die Methoden im Einzelnen

3.1 Einzelfallhilfe (s.a. Schlüsselkompetenz Sozialprofessionelle Beratung)

„Einzelfallhilfe, auch soziale Einzelfallhilfe („Casework") genannt, ist ein klassisches Konzept (Konzeption) der Methoden der Sozialen Arbeit. Im Mittelpunkt der Arbeit steht der einzelne soziale Problemfall, das heißt die Soziale Arbeit mit einzelnen Menschen oder Familien, die in irgendeiner Form persönliche Hilfe benötigen. Dies erfordert eine ganzheitliche Sicht auf das Problem als solches und einen entsprechenden Arbeitsansatz. Je nach Problemlage können andere Problembeteiligte in die Einzelfallhilfe einbezogen werden. „Soziale Einzelfallhilfe orientiert sich am Casework, ist ein so genanntes klassisches Konzept von Methoden der Soziale Arbeit.“[7] Nach Swift ist Einzelfallhilfe „die Kunst, dem Einzelnen zu helfen, seine individuellen Fähigkeiten zu entwickeln und zu gebrauchen, um sich mit den Problemen, mit denen er in seiner sozialen Umwelt konfrontiert wird, auseinandersetzen zu können.“[8]

Einzelfallhilfe findet vor allem innerhalb der Sozialberatung in Form der Sozialprofessionellen Beratung statt (s.a. Sozialprofessionelle Beratungskompetenz). Diese wird häufig in Sozialdiensten oder Sozialberatungsstellen freier oder öffentlicher Träger angeboten. In der langen Tradition der Einzelfallhilfe hat sich eine Vielzahl von Handlungsarten für die Einzelfallhilfe entwickelt, die je nach Arbeitsfeld und Einzelfall unterschiedlich eingesetzt werden können.“[9]

Einzelfallhilfe bezeichnet das zielgerichtete und planvolle Vorgehen in der Arbeit mit Klienten in einzelnen Schritten:

- Bestandsaufnahme (Anamnese, soziale Diagnostik)
- Zielklärung und Hilfeplanerstellung
- Veränderungsmaßnahmen
- Beratungsabschluss
- Auswertung der Beratung

Swithun Bowers definiert Soziale Einzelhilfe als eine „Kunst, in der Kenntnisse der Wissenschaften vom Menschen und Können in der Handhabung von Beziehungen benutzt werden, um Fähigkeiten des Einzelnen und Hilfsquellen in der Gemeinschaft zu mobilisieren, die eine bessere Anpassung des Klienten an seine ganze Umwelt oder Teile derselben herbeiführen können.“[10]

Aufgrund der Kritik Ende der 1960er und Anfang der 1970er Jahre, die vor allem das Nichteinbeziehen mehrdimensionaler Problemdefinitionen, infrastruktureller Gegebenheiten im Gemeinwesen, ökonomischer Lebensumstände, der Grenzen und Möglichkeiten der Institution, des Sozialarbeiters und des Klienten thematisierte, kam es zu veränderten Sichtweisen. Hinzu kam eine zunehmende Psychologisierung der Sozialen Arbeit durch Zusatzausbildungen in therapeutischen Schulen.

In Folge der zunehmenden Spezialisierungen kam es zu neuen

eigenständigen Überlegungen. Es wurden neue Konzepte der Sozialen Einzelhilfe entwickelt (z.B. die psychosoziale Beratung, Familienberatung, Krisenberatung, Casemanagement).

3.2 Soziale Gruppenarbeit

Die Soziale Gruppenarbeit kam gegen Ende des 19. Jahrhunderts auf, als soziale Reformen mit Nachdruck betrieben und die Arbeiterbewegung ins Leben gerufen wurde. Soziale Gruppenarbeit geht davon aus, dass Menschen mehr brauchen als wirtschaftliche Hilfen. Sie geht weiter davon aus, dass Menschen an der Lösung ihrer Probleme beteiligt werden müssen, ohne einfach „Almosen“ zu erhalten. Die Soziale Gruppenarbeit wendet sich besonders den Bedürfnissen von Menschen zu, die hauptsächlich durch Gruppenzugehörigkeit befriedigt werden können, wie z.B. für andere wichtig und wertvoll zu sein, seinen eigenen Wert zu erleben (Selbstwertgefühl), dem Bedürfnis nach Leistung und Erfolg. Es geht in der Sozialen Gruppenarbeit auch darum, „unabhängig und doch gleichzeitig fähig zu werden, Abhängigkeiten zu akzeptieren und Teil der Ganzheit zu sein“.[11]

Die soziale Gruppenarbeit fördert die Kooperationsfähigkeit und damit zugleich auch die Fähigkeit, Entscheidungen zu treffen.

„Die Gruppe wird als Mittel genutzt, um die persönliche Entwicklung der Gruppenmitglieder zu fördern und Defizite (Defizitorientierung) bei der Ausübung sozialer Rollen zu überwinden. Es wird in der Sozialen Gruppenarbeit davon ausgegangen, dass die Bildung und Aufrechterhaltung von Persönlichkeit und Identität an den Austausch in sozialen Beziehungen geknüpft ist und die Befriedigung elementarer Lebensbedürfnisse von Gruppen (Familie) abhängt. Die Soziale Gruppenarbeit nutzt die Gruppe als Mittel der Sozialisation, zur Bedürfnisbefriedigung und zur Suche und Bearbeitung von Zwängen und Störungen. Soziale Gruppenarbeit benötigt einen kompetenten Gruppenpädagogen, der den Gruppenprozess im Sinne der Zielsetzung steuert. Dadurch unterscheidet sich die Soziale Gruppenarbeit von anderen Gruppen, etwa den Selbsthilfegruppen.

Die wichtigsten Elemente Sozialer Gruppenarbeit sind:

- die Erkenntnisse aus der Kleingruppenforschung umsetzen können,

- die Handlungsprinzipien, beispielsweise individualisieren, anfangen wo der Klient steht, sich entbehrlich machen, Hilfen durch Programmgestaltung, erzieherisch (Erziehung) richtige Grenzen setzen,
- die Gruppenphasen kennen,
- die Rolle und das Verhalten des Gruppenpädagogen sowie
- Techniken und Verfahrensweisen aus der Gruppenpädagogik, z.B.: Interaktionsspiele, Techniken der Selbst- und Fremdwahrnehmung, Gesprächsleitung.“[12]

Soziale Gruppenarbeit kommt heute in zahlreichen Arbeitsfeldern zum Einsatz, insbesondere in der Freizeitpädagogik, der Jugendhilfe und der Erwachsenenbildung. Im Laufe der Zeit hat sich eine therapeutisch orientierte Soziale Gruppenarbeit entwickelt, deren Zielgruppe Menschen in spezifischen Lebenslagen wie psychisch Kranke, Drogenabhängige oder Straffällige sind.[13]

3.3 Gemeinwesenarbeit

Dass Gemeinwesenarbeit (i.W. abgekürzt GWA) hier unter Methoden aufgeführt ist, hat mit der Entwicklung der professionellen Sozialen Arbeit in Deutschland zu tun, denn eigentlich ist Gemeinwesenarbeit eher ein Arbeitsprinzip, bei dessen Einhaltung sich Sozialarbeiter/-innen vieler Methoden aus der Soziale Arbeit (z.B. Einzelfallhilfe, soziale Gruppenarbeit) und anderer Disziplinen und Wissensbereiche (Sozialpsychologie, Befragungstechniken, Aktivierungstechniken) bedienen.

„Gemeinwesenarbeit wurde um 1960 aus den USA nach Deutschland übertragen. Der/die Sozialarbeiter/-in bringt sich dabei in einer Gemeinde (Kommune), in einem Stadtteil oder in einer Region (Lebensweltorientierung) in das bestehende Gefüge sozialer und sozialpolitischer Zuständigkeiten ein, um eine Verbesserung der Lebenslage von Klienten und deren Beteiligung an für sie wichtigen Entscheidungen (Teilhabe) zu erreichen.

GWA entwickelte sich vor allem als Einmischungsstrategie von Stadtteilgruppen, Bürgerinitiativen, Kirchengemeinden, Expertengruppen und Studenten der Sozialen Arbeit/Sozialpädagogik. Ihnen ging es dabei um akute soziale Problemlagen, insbesondere von obdachlosen Familien (Wohnungslosenhilfe). Es wurde die mangelnde soziale Infrastruktur in Sanierungsgebieten von Städten angeprangert und man setzte sich für eine Veränderung von unten, das heißt für eine Gestaltung der Verhältnisse durch die Betroffenen selbst ein. In der Folgezeit nutzten einige Sozialverwaltungen in Großstädten die GWA als Mittel der Sozialplanung, insbesondere der kommunalen Entwicklungsplanung, um auch auf diese Weise drohende Konflikte zu verringern oder möglichst zu vermeiden.

Die Modernisierung der Sozialverwaltung (Sozialmanagement) durch mehr Bürgernähe, Betroffenenbeteiligung (Mitbestimmung) und Transparenz haben zum Rückgang der GWA beziehungsweise zur Verlagerung ihrer Anliegen in Bürgerinitiativen und Organisationen der Selbsthilfe geführt. In der stadtteilorientierten Sozialen Arbeit haben sich Elemente der Methode GWA bis heute erhalten, [...] ohne als solche benannt zu werden.

GWA orientiert sich mit ihren Inhalten und Aufgaben am gelingenden Alltag der Menschen und der Gestaltung ihres Sozialraumes und setzt daran in der praktischen Arbeit an. Sie respektiert die Menschen des Quartiers /Stadtteils als Experten/Expertinnen ihres Alltags und erkennt sie als kompetente Partner/-innen an."[14] Sie ist intermediäre Instanz zwischen den Lebenswelten der Bürger/-innen und den Systemen Sozialer Arbeit, Politik, Verwaltung und Wirtschaft.

„GWA ist parteilich im Sinne von: Abbau von Berührungsängsten, Herausbildung von Sensibilität und ein den Menschen entgegenzubringendes Vertrauen, Akzeptanz ihrer Person und Ernstnehmen ihrer Bedürfnisse, Respekt gegenüber der Lebenswelt von benachteiligten Menschen und Gruppen.

GWA ist sozialpolitisches Handeln. Sie macht individuelle und gesellschaftliche Verursachungszusammenhänge von sozialen Problemen deutlich und zielt auf gesellschaftliche Veränderung ab. Sie mischt sich ein in die relevanten Politikbereiche z.B der Sozial-, Arbeitsmarkt-, Wohnungs- und Wirtschaftspolitik, um positive Entwicklungen zu stärken und negative Entwicklungen zu verhindern. GWA arbeitet interdisziplinär und vernetzt.

GWA unterstützt die Gestaltung eines guten sozialen Klimas im Gemeinwesen und schafft damit günstige Voraussetzungen für eine gelingende Identifikation der Bürger/-innen mit ihrem Wohngebiet."[15]

4. Kennzeichen

Sozialarbeiter/-innen, Sozialpädagogen/-pädagoginnen

- verfügen über die Fähigkeit, mit Klienten in der Einzelberatung systematisch zu arbeiten. Sie verfügen über entsprechendes Grundwissen und Interventionstechniken und haben diese in der Praxis erprobt.
- müssen Gruppenprozesse erkennen und diagnostizieren können. Dabei geht es um das Verständnis der Beziehungen untereinander, der Struktur der Gruppe, die aus gegenseitiger Ablehnung und Akzeptanz der Gruppenmitglieder entsteht. Wichtig sind der Gruppenzusammenhalt und die Gruppenkonflikte (s.a. Kapitel personale/kommunikative Kompetenz).
- sind in der Lage, Gruppen zu führen und zu leiten.
- haben eine fundiertes Grundwissen über die Methode Gemeinwesenarbeit und können gemeinwesenorientiert arbeiten.
- sind in der Lage, auf der Basis einer Parteinahme politisches Handeln anzuregen und zu unterstützen.
- können Hilfeprozesse planen unter Einbeziehung der Ressourcen der Klienten, des näheren sozialen Umfeldes (Familie, Nachbarschaft, Freunde etc.) des Sozialraumes (Behörden, Dienste, Institutionen etc.) und ihres eigenen Wissens (Psychologie, Pädagogik, Recht etc.).
- können interdisziplinäre Bezüge erkennen.
- müssen in der Lage sein, Kooperationsprozesse zu initiieren und zu gestalten.
- können ihre Arbeit darstellen und präsentieren.[16]

5. Ausbildungsinhalte

- Allgemeines
  - Entwicklung der Methoden der Sozialen Arbeit
  - Kritische Beiträge zur Wissenschaftlichkeit der Methoden der Sozialen Arbeit
  - Grundwerte, Ziele und normative Vorgaben (z.B. Selbst-

  bestimmung, Selbstentfaltung und Selbstverwirklichung, Partizipation, Demokratisierung u.a.)
- Einzelhilfe (s.a. Kapitel VIII Personale und kommunikative Kompetenz)
  - Grundlegende Theorien zur Einzelhilfe (z.B. personenzentrierte und verhaltenstherapeutische Ansätze, systemische Familientherapie, Krisenintervention)
  - verschiedene Konzepte der sozialprofessionellen und psychosozialen Beratung (z.B. psychosoziale Beratung, personenzentrierte und verhaltenstherapeutisch orientierte Beratung, systemische Beratung)
  - verschiedene Techniken der Beratung
  - praktische Übungen
- Soziale Gruppenarbeit
  - Grundlagen der Gruppendynamik, handlungsorientiertes Wissen um Gruppenstrukturen und Gruppenprozesse
  - Methoden, Arbeitstechniken und Medien und die Handhabung von Beziehungen in der Gruppe
- Gemeinwesenarbeit
  - gesellschaftstheoretische und methodologische Orientierung, z.B. funktionale soziale Asymmetrie, konflikttheoretischer Ansatz
  - gesellschaftliche Bedingungen für Ausgrenzung und Veränderungsstrategien
  - Grundlagen der Aktionsforschung und handlungswirksame Sozialforschung
- Techniken und Methoden (z.B. Konflikt- und Problemlösungsmethoden und -strategien, Aktionsuntersuchung, Methoden aktivierender Befragung, Planspiel, Soziodrama)[17]

Anmerkungen

1 Deutscher Verein, a.a.O., Stichwort: Methoden, S. 645

2 vgl. ebd.

3 exemplarisch seien hierzu genannt: Engelke, E.: Die Wissenschaft der Sozialen Arbeit, Freiburg i. Br. 2003; Klüsche, W.: Ein Stück weitergedacht ... Beiträge zur Theorie und Wissenschaftsentwicklung der Sozialen Arbeit.,Freiburg i. Br. 1999

4 vgl. Deutscher Verein, a.a.O., S. 647

5 s. National Association of Social Workers. Working Definition von 1958, zitiert nach Deutscher Verein, a.a.O., S. 646

6 ebd., S. 646

7 Neuffer, Manfred: Case Management: Soziale Arbeit mit Einzelnen und Familien, Weinheim [u.a.] 2002, S. 269

8 Swift, L. B., zitiert in: Friedländer, Walther A. (Hrsg.): Grundbegriffe und Methoden der Sozialen Arbeit, Neuwied 1966, S. 18

9 vgl. ebd.

10 ebd., S. 19

11 Konopka, Gisela: Soziale Gruppenarbeit: ein helfender Prozess, Neuwied/ Berlin 1966, S. 124

12 vgl. ebd., S. 124 ff.

13 s. http://www.sign-lang.uni-hamburg.de/Projekte/SLex/SeitenDVD/Konzepte/L51/L5103.htm, August 2006

14 http://www.sign-lang.uni-hamburg.de/Projekte/SLex/SeitenDVD/Konzepte/L53/L5381.htm, August 2006

15 ebd.

16 vgl. auch Fachbereichstag Soziale Arbeit, Qualifikationsrahmen Soziale Arbeit, Berlin 2006

17 s. Seippel, Alf: Handbuch aktivierende Gemeinwesenarbeit, Gelnhausen/ Berlin 1976

5

Kapitel V: Sozialpädagogische Kompetenz

1. Einführung

Wir haben die ursprüngliche Liste der Schlüsselkompetenzen um die Sozialpädagogische Kompetenz erweitert. Lange haben die Verantwortlichen im DBSH darüber diskutiert, ob es notwendig ist, für die Sozialpädagogik eigene Schlüsselkompetenzen zu beschreiben, da wir sie in den Sozialarbeiterischen Kompetenzen integriert gesehen haben.

In der politischen und fachlichen Diskussion im Zusammenhang mit der PISA-Studie und der Akademisierung der Erzieher/-innenausbildung wurde in der Folge deutlich, dass sozialpädagogische Inhalte in den Studiengängen wieder an Bedeutung gewinnen müssen. Andernfalls übernehmen diese Aufgaben die Pädagogischen Hochschulen und die Folge wäre eine Verschulung der Vorschulerziehung – die sich bereits anbahnt. Die „Vereinnahmung" der Sozialpädagogik durch die Sozialarbeit – indem nur noch der Studienabschluss Soziale Arbeit eingeführt wurde – hat vielleicht zu einer Vernachlässigung der Sozialpädagogik – zumindest an den Fachhochschulen – geführt. Auf diese Gefahr haben verschiedene Stimmen damals aufmerksam gemacht.

„Sozialarbeit und Sozialpädagogik sind nicht zwei total verschiedene Bereiche, sie sind auch nicht völlig identisch. Vielmehr kann man feststellen, dass Sozialpädagogik und Sozialarbeit zu einem Gesamten zusammenwachsen.“[1] Allerdings müssen wir davon ausgehen, dass in der Ausbildungslandschaft in zunehmendem Maße sozialarbeiterische Studiengänge geschaffen werden, die schwerpunktmäßig sozialpädagogische Inhalte haben und insoweit eine speziellere sozialpädagogische Berufskompetenz vermitteln. Es geht nicht um Verschmelzung beider Bereiche, sondern um „eine Zusammenentwicklung Sozialarbeit und Sozialpädagogik in Richtung zunehmender Übereinstimmung unter Berücksichtigung ihrer Eigenständigkeit und Eigenart (Scherr 2002, 262)“.[2]

Sozialarbeiter/-innen, Sozialpädagogen/-pädagoginnen arbeiten mit Kindern und Jugendlichen. Die Bildungsarbeit mit Erwachsenen haben wir dieser Kompetenz zugeordnet.

2. Definition

Zielgruppen und Aufgaben der Sozialpädagogik haben sich verändert. Zielgruppen der Sozialpädagogik sind „nicht mehr nur verwahrloste und gefährdete Kinder und Jugendliche, sondern Menschen aller Altersstufen. „Die Aufgabe der Sozialpädagogik ist primär präventiv zu verstehen, d.h. es geht ihr um Erhaltung bzw. Wiederherstellung von Normalität.“[3] Die industrielle Risikogesellschaft und die durch sie hervorgebrachten Gefährdungen lassen es geboten erscheinen, die zu beobachtenden pädagogischen und sozialen Defizite durch gezielte Maßnahmen und entsprechende Einrichtungen zu beseitigen, zu vermindern oder auszugleichen. Dies gilt nicht nur für einen bestimmten Teil der Jugendlichen, sondern die ganze Jugend bedarf prophylaktischer, stützender und korrigierender Hilfe.“[4] Sozialpädagogik ist auch die kontrollierende Instanz im Rahmen des Kinder- und Jugendschutzes. Weiter gehört dazu die Arbeit mit Eltern. Sozialpädagogik meint Erziehung, Bildung und Lernen von Kindern und Jugendlichen.

In dieser Kompetenz geht es um pädagogische Wissens- und Handlungsgrundlagen für Kinder und Jugendliche, um die Theorie der Jugendhilfe, Pädagogische Praxis der Jugendhilfe und der Jugendfürsorge, Methoden für die Elternarbeit, Umgang mit Medien.

3. Kennzeichen

Sozialarbeiter/-innen, Sozialpädagogen/-pädagoginnen

- kennen die historischen Wurzeln der Sozialpädagogik.
- verfügen über ein grundständiges sozialpädagogisches Wissen (s. Ausbildungsinhalte).
- verfügen über grundlegende Fertigkeiten, Potenziale und Probleme zu erkennen (Diagnose).
- verfügen über praktische Fertigkeiten in der Arbeit mit Kindern und Jugendlichen (z.B. kreatives Arbeiten, Medienarbeit, Theaterarbeit).
- verfügen über Kenntnisse in der Handhabung und in der didaktischen Gestaltung mindestens eines medialen Verfahrens und dessen Einsatz in zentralen Feldern Sozialer Arbeit (z.B. Jugendarbeit, soziale und sozialtherapeutische Gruppenarbeit, Elternbildung etc.).
- können Lern- und Bildungsprozesse in relevanten Bezügen Sozialer Arbeit planen, gruppendynamisch sinnvoll gestalten und reflektieren.
- können die sozialstrukturellen Chancen, Bedingungen und Bezüge von Lern- und Bildungsprozessen erkennen, die jeweiligen Ansprüche auf Partizipation ihrer Klientel benennen und als sozialprofessionelle Fachexpertise ins jeweilige Kontextsystem einbringen.
- können die eigene Arbeit unter Einsatz moderner Medien präsentieren.
- können gruppendynamische Prozesse mit Sensibilität wahrnehmen und unter Medieneinsatz anleiten und moderieren.
- kennen die entsprechenden jugend- und kinderrelevanten Gesetze (s. Kapitel VI: Sozialrechtliche Kompetenz) und können diese anwenden.

4. Grundlagen

Geschichtlich betrachtet entwickelte sich die Sozialpädagogik aus der Jugendfürsorge, die sich der verwahrlosten Kinder und Jugendlichen annahm. Sozialpädagogik ist die pädagogische Ausgestaltung dessen, was die Sozialpolitik in gesetzlichen Rahmenbedingungen den Bürgern an Rechten und Pflichten zugesprochen hat.

Es geht um Erziehen, Bilden, Lernen. Erziehung muss heute neu definiert werden: „Unter Erziehung werden soziale Handlugen verstanden, durch die Menschen versuchen, das Gefüge der psychischen Dispositionen anderer Menschen mit psychischen und (oder) sozialkulturellen Mitteln dauerhaft zu verbessern oder seine als wertvoll beurteilten Komponenten zu erhalten (Brezinka in Giesecke 1990, 68).“[5]

Der Mensch muss im Laufe seiner Entwicklung vom Säugling zum Erwachsenen „durch den Prozess der Bildung seine Individualität erst herausarbeiten.“[6] Bildung bezieht sich auf alle Altersgruppen und wird als lebenslanger Prozess gesehen (Giesecke 1990, 91).[7]

„Unter Lernen versteht man allgemein eine Verhaltensänderung, Kompetenzerweiterung, Qualifikation, Lernen ist das Aufnehmen, Verarbeiten und Umsetzen von Informationen. (...) Nach Giesecke ist Lernen im allgemeinsten Sinne die produktive und auf Förderung angewiesene Fähigkeit des Menschen, Vorstellungen, Gewohnheiten, Einstellungen, Verhaltensweisen und Fähigkeiten aufzubauen bzw. zu verändern (Giesecke 1990, 48).[8]

5. Ausbildungsinhalte

Menschliche Entwicklung (s.a. Kapitel VIII: Personale und kommunikative Kompetenz)

Grundlagen der Erziehung und Bildung in allen Lebensaltern:

- Bildungsarbeit mit Kindern, Jugendlichen und Erwachsenen (Lernen, Lernformen und Lernhilfen, Lernmotivation und Erlernen von Formen der Motivation für verschiedene Altersstufen

VERWAHRLOSUNG, DISSOZIALITÄT, NORMALITÄT, ABWEICHENDES VERHALTEN

RECHT UND ERZIEHUNG (S.A. SOZIALRECHTLICHE KOMPETENZ)

- Kontrolle und Sanktion – Spannung zwischen Erziehen, Bilden, Lernen und Kinder- und Jugendschutz

MEDIENKOMPETENZ

- elektronische und audiovisuelle Medien (z.B. Internet, Weberstellung, Videoarbeit) oder
- bewegungspädagogische und spielpädagogische Angebote oder
- theaterpädagogische Projekte oder werkpädagogische Arbeit

METHODEN UND TECHNIKEN (S.A. METHODENKOMPETENZ)

KREATIVE ARBEITEN (MEDIEN ERSTELLEN, THEATERSPIELEN, MUSIKALISCHE TECHNIKEN ETC.)

ANMERKUNGEN

1 J. Schilling, 2. Auflage, München 2005, S. 158
2 zitiert in Schilling, München 2005, S. 158
3 ebd., S. 160
4 ebd., S. 129
5 ebd., S. 140
6 ebd., S. 141
7 ebd., S. 141
8 ebd., S. 142

Kapitel VI: Sozialrechtliche Kompetenz

1. Einführung

Klienten Sozialer Arbeit sind i.d.R. auch Empfänger von Sozialleistungen. Aus dem Erhalt dieser Leistungen ergeben sich oft Probleme und es kommen weitere hinzu, die es erforderlich machen z.B. einen Widerspruch zu begründen. Da sich die Klientel selten in den vielfältigen Regelungen des Sozialrechts auskennt, benötigt sie professionelle Hilfe aus der Sozialen Arbeit.

Meist haben es Fachkräfte der Profession Soziale Arbeit mit multikomplexen Problemlagen zu tun, bei denen quasi nebenher z.B. in der sozialprofessionellen Beratung Rechtstatbestände angesprochen und entsprechend bearbeitet werden müssen. „Wenn sie Hilfsbedürftige, Klienten ‚vertreten' oder von Amts wegen ‚intervenieren' oder ‚betreuen' oder in der Stadtteilarbeit tätig sind, so werden sie häufig die Ressourcen, die das ‚Recht' für die Klienten gewährt, ausschöpfen müssen (z.B. Leistungen der Sozialhilfe, der Arbeitslosenversicherung, der Kinder- und Jugendhilfe). Wahrscheinlich ist dies die wichtigste Verknüpfung des Rechts mit der Sozialen Arbeit.“[1]

Die Ausübung des Berufes Sozialarbeiter/-in gründet sich i.d.R. auf gesetzliche Bestimmungen. Dies betrifft sowohl die Art und Weise der Berufsausübung als auch die Finanzierung und Organisation der Arbeit. „Recht stellt so die Schranke als auch den Rahmen der beruflichen Tätigkeit dar und dient auch als spezifische Grundlage der eigenen beruflichen Tätigkeit (Datenschutz, Zeugnisverweigerungsrecht, Arbeitsrecht, [Garantenpflicht, Ergänzung der Autoren], etc.)“[2]

Aus diesem Grund ist die sozialrechtliche Kompetenz eine der wesentlichen Grundkompetenzen zur Ausübung des Berufes.[3] Dabei ist auch Kompetenz im Grundlagenrecht und verwandten Rechtsgebieten, wie z.B. Arbeitsrecht, bürgerliches Recht, Strafrecht, Kinder- und Jugendrecht, erforderlich.

2. Definition

Sozialrechtliche Kompetenz meint die Fähigkeit von Sozialarbeiterinnen und -arbeitern die rechtliche Seite der Problemlagen zu erkennen, zu analysieren und im Hilfeprozess entsprechende Lösungsmöglichkeiten anzubieten. Hierzu gehört u.a. die Klärung und Überprüfung sozialrechtlicher Ansprüche. Es geht darum, dem Klienten zu seinem Recht zu verhelfen, ihn zu befähigen – soweit dies möglich ist –, seine sozialrechtlichen Pflichten und Rechte zu verstehen und diese wahrzunehmen. Dies gilt für alle Teile des Sozialgesetzbuches. Im Zusammenhang mit sozialrechtlichen Fragen stellen sich häufig auch Fragen aus anderen Rechtsbereichen, die für die Klientel oft von existentieller Bedeutung sind. Sie berühren u.a. allgemeine Rechtsgrundlagen aus dem BGB, dem Verwaltungsrecht, Verfahrensrecht, Strafrecht, Jugendgerichtsgesetz.

Für die berufliche Tätigkeit von Sozialarbeiterinnen und -arbeitern ist es unerlässlich, Rechtsgrundlagen des beruflichen Handelns und die Rechte und Pflichten als beruflich Handelnde zu kennen und zu befolgen.

Die sozialrechtliche Kompetenz umfasst nicht nur das Kennen sozialrechtlicher Regelungen, sondern auch die Anwendungskompetenz der für das jeweilige Arbeitsfeld benötigten Rechtsbereiche.

3. Kennzeichen

Sozialarbeiter/-innen, Sozialpädagogen/-pädagoginnen

- können, die ihre Arbeit betreffenden Gesetze lesen und verstehen.
- können sich in ihren Arbeitsgebieten in die entsprechenden gesetzlichen Grundlagen einarbeiten.
- verstehen das ihrem beruflichen Handeln zugrunde liegende Recht und richten ihr Handeln danach aus.
- sind in der Lage, ihrer Klientel die entsprechenden gesetzlichen Regelungen verständlich zu machen und die notwendigen Konsequenzen daraus zu ziehen.
- können Grundzüge des juristischen Vokabulars verstehen und nutzen.
- kennen die gängigen Verfahrenswege im Sozialhilferecht.
- kennen die wesentlichen Unterschiede zwischen Rechtsberatung (z.B. durch Anwälte), der rechtlichen Beratungstätigkeit von Sozialarbeiterinnen/-arbeitern und dem Rechtshandeln.
- kennen zentrale rechtliche Normen.
- können anspruchsbegründende Berichte verfassen.
- sind in der Lage, ein arbeitsteiliges Vorgehen zu organisieren.

4. Grundlagen[4]

Nach dem Fachlexikon der Sozialen Arbeit des Deutschen Vereins meint Sozialrecht das Rechtsgebiet, in dem sich der sozialpolitisch gewollte Ausgleich von Einkommen und Chancen zwischen verschiedenen Bevölkerungsgruppen und auch innerhalb derselben in besonderer Weise und mit dem Ziel, soziale Gerechtigkeit herzustellen und soziale Sicherung zu gewährleisten.[5]

1.1 Soziale Sicherung/Existenzsicherung

In der Bundesrepublik ist das System der sozialen Sicherung im Wandel. Wir verstehen darunter die Maßnahmen des Staates zur Absicherung von Lebensrisiken, wie Krankheit, Behinderung, Arbeitslosigkeit und Armut.

Gerade das Agieren im System der sozialen Sicherung ist eine grundlegende Funktion sozialer Arbeit.

Bereich Sozialversicherung

Die Zweige der Sozialversicherung Kranken-, Pflege-, Renten- und Arbeitslosenversicherung sind wichtige Pfeiler der Absicherung von Lebenskrisen der Bürger. Dazu zählt auch die Eingliederung und Versorgung von Erwerbsfähigen, das Arbeitslosengeld I (SGB III) und das Arbeitslosengeld II (SGB II).

Versorgung

Der Staat hat eine besondere Verantwortung vor allem den Bürgern gegenüber, die sich in besonderer Weise dem Staat verpflichten. Die Risiken aus diesen besonderen Tätigkeiten werden u.a. gesichert durch die Kriegsopferversorgung für alle Soldaten und ihre Angehörigen. Bedeutsam ist auch die Beamtenversorgung, die die Altersversorgung und Versorgung im Krankheitsfall von Beamten sichert.

Fürsorge

Der älteste Zweig der Sozialen Sicherung ist die Fürsorge oder Wohlfahrtspflege. Hierzu zählt die Versorgung von Bürgern, die gar nicht (mehr) oder weniger als drei Stunden täglich arbeitsfähig sind (SGB XII) und das Arbeitslosen- bzw. Sozialgeld für alle erwerbsfähigen Bürger, die länger als ein Jahr ohne Erwerbsarbeit sind, und deren Angehörige in Verbindung mit dem SGB II.

4.2 Andere Rechtsbereiche

Die Probleme der Klientel tangieren neben der rein sozialrechtlichen Fragestellung oft auch Fragen aus anderen Rechtsbereichen: z.B. BGB, Familienrecht, Persönlichkeitsrecht (was ist das?), Schuldrecht, Vertragsrecht, und Verwaltungsrecht (s.a. Sozialadministrative Kompetenz). Des weiteren kann Wissen aus dem Strafrecht, der Zivilprozessordnung, dem Gesetz für freiwillige Gerichtsbarkeit, Rehabilitation, Schuldrecht, Betreuungsrecht, Ausländerrecht. u.a. hilfreich sein.

Sozialarbeiter/-innen müssen auch die rechtlichen Grundlagen der Jugendhilfe (SGB VIII) kennen. Weiter sollten Fachkräfte das Jugendgerichtsgesetz und die Gesetze zum Schutz der Jugendlichen in der Öffentlichkeit und vor jugendgefährdenden Schriften kennen. Dazu gehören auch Bereiche aus dem BGB.

Rahmen der Berufsausübung

Zum Rahmen der Berufsausübung gehören vor allem arbeitsrechtliche und arbeitsvertragliche Grundlagen (BGB, Kündigungsschutz, Beamtenrecht etc.). Wichtig für die Berufsausübung sind vor allem fundierte Kenntnisse zu den folgenden Themen:

Garantenpflicht

- Immer wieder kommt es zu Strafverfahren gegen Sozialarbeiter/-innen, denen vorgeworfen wird, die Garantenpflicht verletzt zu haben. Sie müssen, nicht zuletzt zum eigenen Schutz, über die Bedeutung und den Inhalt der Garantenpflicht gut informiert sein.

Aufsichtspflicht

- Auch die fundierten Kenntnisse der Pflichten im Rahmen der Aufsichtspflicht sind zum Schutze der zu Beaufsichtigten und der Fachkräfte wichtig.
- Wesentlich für die Berufsausübung sind auch entsprechende Regelungen im Strafgesetzbuch wie z.B. Zeugnisverweigerungsrecht, Schweigepflicht.

Datenschutz – Persönlichkeitsschutz

- Es geht um die Bedeutung des Daten- und des Persönlichkeitsschutzes für den Berufsalltag, damit Rechte der Klienten gewahrt werden.

5. Ausbildung/Studium

Grundbegriffe des Rechts[6]

- Definition des Begriffes Recht in Abgrenzung zu anderen Normordnungen wie Sitte, Religion
- Recht, Naturrecht, Gewohnheitsrecht, gesetztes Recht
- Gerechtigkeit als ethische Dimension des Rechts, Recht als Wertordnung (Legalität, Legitimität)

- Rechtskategorien:
- objektives Recht/subjektives Recht
- Öffentliches Recht (mit Strafrecht), Privatrecht
- Materielles Recht/Verfahrensrecht
- Rechtsfähigkeit, Rechtssubjekte, Rechtspersonen
- Verbindlichkeit/Durchsetzbarkeit von Recht, Bedeutung der Rechtsprechung
- Subsidiarität

Methodik des Rechts

- Aufbau, Systematik und Anwendung von Rechtsnormen, Auslegung von Gesetzen und Analogie der Grundbegriffe des Zivilrechts
- Rechtsfähigkeit, Geschäftsfähigkeit, Handlungsfähigkeit, Deliktfähigkeit
- Stellvertretung
- Subjektive Privatrechte (u.a. Ansprüche aus Vertrag und Gesetz, insbesondere Schadenersatzansprüche (Aufsichtspflichtverletzung), familien- und erbrechtliche Ansprüche

Einzelne Rechtsgebiete

- Grundbegriffe/Grundlagen des Verfassungsrechts (Deutschland, Europa, International)
- Familienrecht einschließlich Familienverfahrensrecht
- Personensorgerecht
- Sozialrecht, insbesondere Kinder- und Jugendhilferecht (SGB VIII),
- Grundsicherung für Arbeitssuchende (SGB II),
- in Auszügen: Arbeitsförderung (SGB III),
- Gesetzliche Krankenversicherung (SGB V), Rehabilitation und Teilhabe behinderter Menschen (SGB IX)
- Grundlagen des Ausländerrechts, Kommunalrechts
- Strafrecht und Strafverfahrensrecht einschließlich Jugendstrafrecht (Strafrechtstheorien, Begriff der Tat, Aufbau von Tatbeständen, einzelne Tatbestände, Beteiligungsformen, Garantenstellung, Strafverfolgung, Gerichtshilfen, Zeugnisverweigerungsrecht, Schweigepflicht)

Arbeitsrecht und Berufsrecht

Allgemeines Arbeitsrecht

- Rechtsgrundlagen des staatlichen Arbeitsrechts
- Begründung von Arbeitsverhältnissen
- Pflichten des Arbeitnehmers
- Pflichten des Arbeitgebers
- Erholungsurlaub und Arbeitsbefreiung
- Arbeitsschutzrecht
- Beendigung des Arbeitsverhältnisses
- Betriebsverfassungsrecht

Spezielle arbeitsrechtliche Regelungen für Fachkräfte der Profession

- Bundesangestelltenvertrag bzw. Tarifvertrag für den öffentlichen Dienst (TVöD)
- Abschluss des Arbeitsvertrages
- besondere Rechte und Pflichten
- Arbeitszeit
- Vergütung
- Beendigung des Arbeitsverhältnisses s.o.
- Personalvertretungsrecht

Kirchliches Arbeitsrecht

- Besonderheiten
- Arbeitsrecht in kirchlichen Einrichtungen
- Allgemeine Vertragsrichtlinien bei Caritas und Diakonie
- Mitarbeitervertretungsordnungen

Rechtsschutz im Arbeitsrecht

- Außergerichtlicher und gerichtlicher Rechtsschutz
- Beratungshilfe und Prozesskostenhilfe wird auch an anderer Stelle (z.B. Sozialrecht) gebraucht

Anmerkungen

1 Sigmund Gastiger, Prof. Dr.: Referat im NDV, April 2004, S. 131
2 s.a. ebd., S. 132
3 Deutscher Verein für öffentliche und private Fürsorge. Fachlexikon der sozialen Arbeit, Frankfurt/M. 1993, Stichwort: S. 899
4 Die folgenden Ausführungen basieren im Wesentlichen auf den Empfehlungen der BAG der Hochschullehrer des Rechts an Fachhochschulen/Fachbereichen des Sozialwesens in der Bundesrepublik Deutschland zum Curriculum Recht im Studium der Sozialen Arbeit/Sozialpädagogik (1997) sowie einem unveröffentlichten Beitrag von Andreas Strunk über die Bestimmung von Kernkompetenzen für eine moderne Sozialarbeit/Sozialpädagogik.
5 vgl. Deutscher Verein, a.a.O., S. 899
6 Bei der folgenden Aufzählung orientieren wir uns an dem Positionspapier der BAG der Hochschullehrerinnen und Hochschullehrer des Rechts an Fachhochschulen/Fachbereiche des Sozialwesens in der Bundesrepublik: Curriculum Recht im Studium der Sozialen Arbeit vom Oktober 2005.

7

Kapitel VII: Sozialadministrative Kompetenz

1. Einführung

Sozialarbeit/Sozialpädagogik kommuniziert häufig mit öffentlichen Verwaltungen als direkte und indirekte Leistungsgeber oder als Kostenträger. Gleichzeitig stehen Fachkräfte der Profession Soziale Arbeit in einem Arbeits- bzw. Dienstverhältnis bei öffentlichen Arbeitgebern oder Verbänden der freien Wohlfahrtspflege. Hier ist ein Konfliktpotential vorhanden, da öffentliche Leistungsgeber oder Kostenträger einen eigenen Kommunikationsstil haben, der sich Außenstehenden häufig nur schwer erschließt.

Für Klienten dagegen ist es unmöglich, die Vielfalt der gesetzlichen Bestimmungen oder Verwaltungsvorschriften zu kennen bzw. mit ihnen adäquat umgehen zu können.

2. Definition

Administrative Kompetenz meint die Fähigkeit, mit der öffentlichen Verwaltung kommunizieren zu können, den Sprachstil und das Handeln von Verwaltungen zu verstehen und deren rechtliche Grundlagen zu kennen. Nur so ist es möglich, die Rechte der Klientel zu wahren und Verwaltungshandeln nutzbar zu machen.

Dazu gehören Kenntnisse in öffentlichem Verwaltungsrecht und Verwaltungshandeln und entsprechende sozialadministrative Fertigkeiten, um fachgerecht mit öffentlichen Verwaltungen kommunizieren zu können und Klienten die Verfahrensweise und die Bedeutung von Verwaltungshandeln deutlich machen zu können.

Ein Zweites gehört dazu: die Fähigkeit, innerhalb von Organisationen als Mitarbeiter die eigene Arbeit organisieren und administrativ handeln zu können. Das bedeutet, den Arbeitsplatz, die Arbeit zu organisieren, Arbeitsvorgänge systematisch zu gestalten und der Klientel transparent zu machen. Dazu gehören als Grundkenntnisse u.a. Aktenanlage, Ablagesysteme, Arbeitsplatzorganisation, Zeitmanagement, Vermerke, Protokolle und Berichte (z.B. Sozialberichte) schreiben zu können.

3. Kennzeichen

Sozialarbeiter/-innen, Sozialpädagogen/-pädagoginnen

- wissen, was ein Verwaltungsakt ist, welche Bedeutung er hat und wie man ggf. dagegen vorgehen kann (Widerspruch, Grundlagen der Verwaltungsgerichtsbarkeit).
- können Bescheide lesen und deren Gültigkeit prüfen (Form und Inhalt).
- kennen Haushaltsgesetze in kommunalen oder staatlichen Verwaltungen und kennen deren Bedeutung.
- können Haushaltspläne lesen und erklären.
- kennen das öffentliche Rechnungswesen, wissen über alltägliche grundlegende Verfahren im öffentlichen Rechnungswesen Bescheid, wie z.B. Zahlungsanweisungen getätigt werden

- kennen die formellen Wege innerhalb einer öffentlichen Verwaltung (Zuständigkeiten und Organisation kommunaler Behörden).
- sind über die gesetzlichen Bestimmungen des Datenschutzgesetzes und über Sozialdatenschutzregelungen informiert.
- kennen die Bedeutung von Dienstordnungen in der öffentlichen Verwaltung oder Geschäftsordnungen in nichtöffentlichen Organisationen.
- kennen die Bedeutung einer Akte in der öffentlichen Sozialverwaltung, deren Struktur und verschiedene Ablagesysteme.
- können Briefe, Sitzungsprotokolle, Aktenvermerke, Stellungnahmen schreiben.
- können Gespräche protokollieren, ihre Gedanken schriftlich und verständlich und in einem professionellen Stil verfassen.
- können ihre Arbeit organisieren, d.h. sie haben Grundlagen der Arbeitsorganisation und des Zeitmanagements gelernt.

4. Grundlagen

Die Grundlagen der administrativen Kompetenz liegen vor allem im allgemeinen Verwaltungsrecht, dem Haushaltsrecht, der Kommunalordnung.

5. Ausbildung/Studium

Öffentliches Verwaltungshandeln (s.a. sozialrechtliche Kompetenz)

- Sozialadministratives Handeln
- Öffentliches Verwaltungshandeln
- Verwaltungsstrukturen/Verwaltungsorganisationen
- Grundlagen der Verwaltungsgesetze (u.a. Bescheid, Verwaltungsakt, Widerspruchsverfahren, Rechtsbehelfsbelehrung)

Staats- und Verwaltungsrecht

- Soziale Arbeit im demokratischen Rechts- und Sozialstaat
- Stellung der öffentlichen Verwaltung in der Verfassungsordnung, Aufgaben, Verwaltungsaufbau
- Innere Organisation von Verwaltungsbehörden

- Träger der freien Jugend- und Sozialhilfe
- Organisationsrechtliche Stellung der Sozialen Arbeit
- Rechtsgrundlagen des Verwaltungshandelns
- Allgemeine Rechtsstellung des Menschen im Verhältnis zur öffentlichen Verwaltung

SOZIALE RECHTE UND PFLICHTEN DES BÜRGERS NACH DEM SGB

- Ansprüche des Bürgers auf Information über soziale Rechte und Pflichten
- Ansprüche des Bürgers auf Geheimschutz/Datenschutz
- Verwaltungsverfahren
- Verwaltungsakt
- Verwaltungszwang, Verhängung von Geldbußen, Geld- und Freiheitsstrafen wegen des Verstoßes gegen Verwaltungsrechte
- Staatshaftung und sonstige öffentlich-rechtliche Ausgleichsverhältnisse
- Garantenpflicht
- Rechtsschutz

ORGANISATION DER ARBEIT

- Einführung in Aktenführung
- Briefe, Berichte, Aktenvermerke, Notizen, Protokolle, Stellungnahmen schreiben und deren Bedeutung in der öffentlichen Verwaltung kennen
- Die Dienstordnung bzw. Geschäftsordnung als Grundlage der Arbeit in der Verwaltung
- Grundlagen des Zeitmanagements und der Arbeitsplatzorganisation

8

Kapitel VIII: Personale und kommunikative Kompetenz

1. Einführung

Soziale Arbeit verstanden als professionelles Handeln ist immer menschliches Handeln. Wie andere helfende Berufe bringen die Sozialarbeiter/-innen ihre Persönlichkeit in den Hilfeprozess ein. Weltanschauung, Sozialisationserfahrungen, Bewältigungsstrategien für Konflikte und die eigene Lebenslage: das alles sind Faktoren, die in den Hilfeprozess, d.h. also in die Interaktion zwischen Helfendem und Hilfesuchendem, einfließen.

Ihren Einfluss auszublenden, wie es etwa in weiten Teilen der Medizin geschieht, widerspricht dem Grundsatz der Subjektivität und Singularität menschlicher Handlung bzw. der Unmöglichkeit einer wirklichen Objektivität. Scheinbar objektives Handeln, wie es für die naturwissenschaftliche Forschung lange Zeit als das wahre Handeln galt, ist – so ist man sich zumindest in den Sozialwissenschaften u.a.

durch die Beiträge des Konstruktivismus, sowie der Kommunikationstheorie mittlerweile sicher – nicht möglich.

Aus diesem Wissen heraus wird die helfende Person besonders bedeutsam und ihre personale Authentizität als Mitmensch bestimmt ihre Helferqualität. Daraus ergibt sich, dass die personalen und kommunikativen Kompetenzen erst die Anwendung von Methoden möglich machen und integriert in die Person des Handelnden gelebt und als personale Einheit erlebt werden.

2. Definition

Die Beschreibung der personalen und kommunikativen Kompetenz als einer Schlüsselkompetenz der Sozialen Arbeit steht vor zwei entscheidenden Problemen:

Erstens erscheinen die beiden Kompetenzen als in weiten Teilen gleich bzw. die kommunikative Kompetenz als eine von vielen weiteren personalen Kompetenzen. Zweitens ist es wichtig zu verdeutlichen, worin die spezielle personale und kommunikative Kompetenz von Sozialarbeiter/-in und Sozialpädagogin/-pädagoge besteht und wie sie sich beispielsweise von derjenigen anderer helfender Berufe abgrenzt. Anders gesagt: Die Beschreibung von personalen und kommunikativen Kompetenzen erweist sich als besonders schwierig, da sie als „soft-skills" im Grunde genommen Grundformen der menschlichen Existenz darstellen. Denn jeder, um es zugespitzt zu formulieren, ist eine Person und kommuniziert als solche. Zu einer besonderen Kompetenz werden diese Grundformen jedoch, wenn sie durch theoretisches Wissen, praktische Handlungserfahrung und Lebenserfahrung zu einer speziellen Qualität aufsteigen.

Soziale Kompetenz ist die „Fähigkeit, sich auf die Klientel mit ihren Bedürfnissen und Anforderungen einzustellen bzw. einzulassen, über die Situation und deren Bedingungen nachdenken zu können und sich nicht in ihr zu verfangen".[1]

Damit sind wesentliche Bestimmungsmerkmale auch auf Seiten der personalen und kommunikativen Kompetenz genannt. In diesem Sinne unterscheiden sie sich in gewisser Form von Methoden und Verfahrensweisen, die als „hard skills“ instrumentalisiert werden können.

Obwohl diese Instrumentalisierung oder auch Operationalisierung für den Bereich der personalen und kommunikativen Kompetenzen schwierig erscheint, wagen wir eine Begriffsbestimmung.

2.1 Personale Kompetenz

Personale Kompetenz ist die Fähigkeit der Arbeit mit und an der eigenen Person in Bezug auf die Interaktion mit anderen Menschen, hier insbesondere im Bezug auf die Tätigkeit der Professionellen in der Sozialen Arbeit.

Zur Personalen Kompetenz zählen deshalb im Einzelnen:

- die Fähigkeit zum regelgeleiteten, selbständigen und verantwortlichen Arbeiten im Sinne eines gesunden und effektiven Selbstmanagements,
- die Fähigkeit zum Aufbau von zwischenmenschlichen Kontakten, insbesondere die Fähigkeit, Menschen in schwierigen Lebenssituationen durch eine professionelle Haltung und Wertschätzung Hilfe und Unterstützung anbieten zu können,
- die Befähigung, eine Arbeitsbeziehungsgestaltung zu einzelnen Klienten oder Gruppen aktiv aufzubauen und im Sinne des Auftrages zu gestalten,
- Empowerment, Ermutigung, Empathie als Haltung und Methode zur Gestaltung einer professionellen Hilfebeziehung,
- die Fähigkeit zur notwendigen Balance von Nähe und Distanz in der professionellen Helfer-Klient-Beziehung (Rollendistanz),
- die Fähigkeit zur Selbstreflexion eigener Persönlichkeitsanteile (Bewältigungsstile, Abhängigkeiten, Selbstbewusstsein, Wünsche, Träume, Menschenbild etc.),
- die Verwirklichung einer den berufsethischen Prinzipien des DBSH entsprechenden professionellen Haltung, insbesondere die Achtung der Grundrechte und – hier noch einmal besonders – der Persönlichkeitsrechte der Klienten,
- die Fähigkeit zur Formulierung von Kritik und Lob bei der Bewertung von Leistungen und vom Verhalten sowohl von Kollegen/Kolleginnen als auch von Klienten (Personalentwicklung),

- die Fähigkeit zur Teamarbeit bzw. Kooperation, d.h. die bewusste und kenntnisreiche Beobachtung und Gestaltung von Team- bzw. Kooperationsprozessen mit dem Ziel der Verbesserung der Arbeitsbedingungen bzw. Hilfestrukturen,
- die Notwendigkeit einer Sicherheit im Umgang mit Krisen in der Arbeit mit Klientinnen/Klienten und im eigenen Leben,
- die Fähigkeit zum Erkennen eigener Grenzen, Grenzensetzen und das Aushandeln von Regeln und Vereinbarungen,
- eine humanistische Grundhaltung, mit der man die Ressourcen bei Menschen in Problemlagen erkennt, und mit einem professionellen Optimismus an die Lösung der Probleme geht.

2.2 Kommunikative Kompetenz

Kommunikative Kompetenz beschreibt die Beherrschung und Beachtung der mit nonverbaler, verbaler und symbolischer Kommunikation einhergehenden Regeln, Strukturen und Prozessen. Darunter soll die Diskurs- und Diskussionsfähigkeit im fachlichen Zusammenhang und in Respekt und Achtung des anderen Menschen und seiner Autonomie der Lebenspraxis verstanden werden.

Zur Kommunikativen Kompetenz zählen im Einzelnen:

- die Fähigkeit, soziale Beziehungen leben und beziehungstiftend wirken zu können,
- die Formulierung eigener Wünsche und Ziele in Bezug auf den eigenen Arbeitsprozess,
- Kenntnis der Grundlagen und Prinzipien der Kommunikationstheorie (insbesondere Watzlawick, Schulz von Thun etc.),
- die Fähigkeit zur systematischen, theoriegeleiteten und methodisch vielfältigen Gesprächsführung sowohl mit einzelnen als auch mit Gruppen,
- die Fähigkeit zum „guten Streiten“, d.h. die Fähigkeit zur Formulierung von positiver und negativer Kritik sowie von Verbesserungsvorschlägen.

3. Kennzeichen

Sozialarbeiter/-innen und Sozialpädagogen/-pädagoginnen

- verfügen über die Fähigkeit zur Reflexion des beruflichen Handelns im Blick auf eigene Persönlichkeitsanteile, Sozialisation und Lebenserfahrungen.
- sind in der Lage, ihr Handeln an den berufsethischen Prinzipien überprüfen zu können.
- sind fähig, im Team zu arbeiten und mit anderen zu kooperieren.
- sind in der Lage, soziale Beziehungen aufnehmen und diese positiv leben zu können.
- verfügen über persönliche Sicherheit im Umgang mit Krisen in der Arbeit mit Klientinnen/Klienten und im eigenen Leben.
- halten Regeln und Vereinbarungen ein und kennen ihre Grenzen.
- können Klientinnen/Klienten Grenzen setzen sowie Regeln und Vereinbarungen mit Klienten treffen.
- können ihr berufliches Handeln auch auf der Grundlage von humanistischen oder religiösen Ethiken begründen.
- sind in der Lage, eigene Wünsche und Ziele im Arbeitsprozess zu erkennen, zu formulieren und zu verfolgen.
- kennen die Grundlagen der Kommunikation und wenden diese im beruflichen Handeln an.
- verfügen über die Fähigkeit zur systematischen, theoriegeleiteten und methodisch vielfältigen Gesprächsführung sowohl mit Einzelnen als auch mit Gruppen.
- verfügen über Konfliktfähigkeit, Frustrationstoleranz und die Fähigkeit zum „guten Streiten“, d.h. die Fähigkeit zur Formulierung von positiver und negativer Kritik sowie von Verbesserungsvorschlägen.
- können berufliche und persönliche Grenzen erkennen und entsprechend handeln.

4. Standards für die Schlüsselkompetenz

Zwei Fragestellungen sind für den Bereich der personalen und kommunikativen Kompetenz zentral:

„a) Inwieweit ist die aktuelle Beratungssituation stärker durch die subjektiven Bedürfnisse des Sozialpädagogen geprägt als durch die des Klienten? (Braucht der Sozialpädagoge die Klienten evtl. notwendiger für sich als diese ihn?)

b) Wieweit sollten die einerseits von der Institution, für die der Sozialpädagoge tätig ist, andererseits von den Klienten an den Berater herangetragenen unterschiedlichen Erwartungen und Rollenzuweisungen von diesem akzeptiert bzw. abgelehnt werden?

Eine professionelle, kompetente Herangehensweise an dieses „doppelte Mandat" wäre in der Auftragsklärung generell und im jeweiligen Fall zu sehen. Mit den Erwartungen des Klienten ebenso wie mit gesellschaftlichen oder arbeitgeberseitigen Aufträgen muss sich der Sozialarbeiter/die Sozialarbeiterin jeweils auseinandersetzen. Notfalls muss er/sie eine fachliche, inner- oder außerbetriebliche Diskussion über diesen Konflikt initiieren.[2]

5. Ausbildung

Daher ist es für die Ausbildung u.a. unverzichtbar, die eigenen Berufswahlmotive zu reflektieren, da sie u.a. sowohl Hemmnisse als auch förderliche Faktoren im Sinne personaler und kommunikativer Kompetenzen enthalten. Es ist jedoch aus Sicht des Berufsverbandes davon abzuraten, etwa schon vorhandene Kompetenzen als Eingangsvoraussetzung zu definieren. Vielmehr sollten die Ausbildungsgänge der Sozialen Arbeit dafür sensibilisiert und somit darauf ausgerichtet sein, personale und kommunikative Kompetenzen zu erkennen und gezielt zu fördern.

Hierzu sollten die bestehenden Curricula dahingehend überprüft und evtl. modifiziert werden, dass sie neben den anderen Schlüsselkompetenzen auch dafür Sorge tragen, die personalen und kommunikativen Kompetenzen der Absolventen zu fördern.

Die personale kommunikative Kompetenz wird gelernt über Interaktion, Übungsfelder und Reflektion während des Studiums (z.B. durch Gruppenarbeit, Supervision, Balintgruppen). Gelernt werden müssen u.a. Selbstreflexion eigener Persönlichkeitsanteile in Bezug auf eigene Sozialisations- bzw. Lebenserfahrungen. Außerdem müssen die Fähigkeit zur Teamarbeit bzw. Kooperation, die Sicherheit im Umgang mit Krisen in der Arbeit mit der Klientel und im eigenen Leben, die Fähigkeit zur systematischen, theoriegeleiteten und methodisch vielfältigen Gesprächsführung sowohl mit Einzelnen als auch mit Gruppen erlernt und trainiert werden.

Hierzu wären insbesondere folgende Angebote zu machen:

- Selbstreflexionsseminare in Kleingruppen
- persönliche Ansprache der Lehrenden an die Studierenden (Coaching)
- Vermittlung von Persönlichkeitstheorien (Helfer-Persönlichkeiten), Kommunikations- und Organisationstheorien
- praktische Einübung von Gesprächsführungs- und weiterer Interaktionsformen in Kleingruppen
- Kennenlernen von Supervision bereits im Studium (z.B. innerhalb fester Projektgruppen)
- Anbieten von Präsentationstechniken zur Darstellung von Inhalten, Methoden und Zielen der Sozialen Arbeit

Daneben ist folgendes Wissen zu vermitteln (→ s.a. Strategische Kompetenz und Berufsethische Kompetenz).

Weitere Ausbildungsinhalte

Menschliche Entwicklung

- Entwicklung der Person
- Bilder vom Menschen (z.B. Persönlichkeitstheorien (Psychoanalytische Theorie, Klientenzentrierte Theorie nach Rogers, Persönlichkeit als Konstruktion – Kenneth J. Gergen, Transaktionsanalytisches Konzept – Eric Berne)
- Entwicklungs- und Erziehungspsychologie (Beispiele von Entwicklungstheorien: z.B. Piaget, Kohlberg, Erikson, Vigotski, menschliche Entwicklung vom Säugling bis zum alten Menschen, Grundlagen der Lernpsychologie, Erziehungsstile

Soziale Interaktion und Kommunikation

- Sichtweisen von Kommunikation (geläufige Vorstellung, Ausdrucksmodelle und Systemmodelle von Kommunikation), Dimensionen sozialer Interaktion (interaktive Bezogenheit des Handelns, Kontextuelle Gebundenheit der Bedeutung von Äußerungen und Handlungen, Prozesshaftigkeit des interaktiven Geschehens)
- psychologische Aspekte sozialer Interaktion (Identität, Denken und Erfahrung, Macht und Beeinflussung, Personenwahrnehmung als Konstrukt, Konstruktionsprinzipien der Personenwahrnehmung, Differenz von Selbst- und Fremdwahrnehmung)
- Einstellungen
- die soziale Gruppe als Interaktionskonstellation (Gruppendynamik, Entwicklungsmuster in Gruppen, Strukturbildung in Gruppen

Diagnostik und Gutachten

- Grundlagen, Aufgaben, Ziele, Definition, Übersicht über diagnostische Verfahren, Beobachtung und Beobachtungsprotokolle, Psychometrische Tests, Projektive Tests, diagnostischer Prozess
- Psychologie der Intervention (Psychotherapie, Psychoanalyse, Verhaltenstherapie, Klientenzentrierte Psychotherapie, Transaktionsanalyse)

Psychologische Aspekte sozialer Professionalität

- Gesprächsgestaltung – Beratung, Selbst- und Fremdwahrnehmung an konkreten Beispielen von Beratung, Konfliktbewältigung, Umgang mit Emotionen, Abgrenzung in Therapie und Beratung,

Selbstmanagement

- Zeitmanagementtechniken
- Ziele – Lebensziele, berufliche Ziele – Zielformulierung – persönliche Grenzen und Möglichkeiten kennen lernen
- Nähe und Distanz im beruflichen Handeln
- Reflexion des beruflichen Handelns

Anmerkungen

1 Geißler, Karl-Heinz/Hege, Marianne: Konzepte sozialpädagogischen Könnens – ein Leitfaden für soziale Berufe, Weinheim 1992, S. 232

2 ebd., S. 239

9

Kapitel IX: Berufsethische Kompetenz

1. Einführung

Fachkräfte der Profession Soziale Arbeit sind in ihrem beruflichen Alltag ständig mit ethischen Fragen konfrontiert und müssen entsprechend reagieren: da sind die alte Dame oder der alte Herr, die in einer Wohnung leben, die völlig „vermüllt“ und verdreckt ist oder das Kleinkind, das von seinen Eltern vernachlässigt wird. Berufskollegen und -kolleginnen standen vor Gericht und wurden beschuldigt, für den Tod oder das Verschwinden von Kindern verantwortlich zu sein. Im beruflichen Alltag werden Fachkräfte auch immer wieder mit Gewalt an Menschen konfrontiert.

Wie ist das mit der Selbstbestimmung von Menschen zu vereinbaren? Was ist noch als menschenwürdiges Leben verantwortbar? Wie stehen Fachkräfte der Profession zur Gewalt? Ist das Elternrecht höher zu werten als das Recht des Kindes auf Unversehrtheit?

Im beruflichen Handeln geht es sehr häufig um ethische Fragen: um das „richtige“ Verhalten Klienten gegenüber, um den Umgang mit Kolleginnen und Kollegen aus dem eigenen und anderen Arbeitsfeldern, um Fragen der Menschenwürde, der Distanz und Nähe beruflicher Beziehung, der Toleranz und der Verantwortung.

Die Fachkräfte sind den Bewertungen ihres Handelns durch Klienten, durch gesellschaftliche Gruppen und ihren jeweiligen Anstellungsträgern ausgeliefert. Gerade in der heutigen Zeit, in der vorwiegend ökonomische Normen die soziale Arbeit beeinflussen, wird es immer schwieriger, ethisch korrekt zu handeln.

Worauf berufen sich Fachkräfte bei der Beantwortung der Fragen? Was bildet die ethische Grundlage für das berufliche Handeln?

Darauf kann sicher jede Fachkraft eine persönliche Antwort geben. Aber für die Profession insgesamt müssen „kollektive“ ethische Normen gelten. Diese gibt sich die „Zunft“ selbst. Zudem sind Normen auch von außen gesetzt, z.B. durch Gesetze, Anweisungen von Vorgesetzten oder normative Vorgaben der Einrichtungsträger z.B. der kirchlichen Werke Caritas oder Diakonie.

Wer professionell arbeitet, muss sein professionelles Handeln auf der Grundlage fundierter wissenschaftlicher Theorien erklären können. Dabei geht es auch um die ethische Begründung und ethische Maßstäbe des beruflichen Handelns.

Die Grundlagen einer Berufsethik müssen in der Ausbildung vermittelt werden. Wichtig ist dabei, dass gemeinsame Standards für die Vermittlung der berufsethischen Kompetenz von den Ausbildungsstätten übernommen werden.[1]

2. Definition

Ethik wird definiert als „praktische Philosophie, denn sie sucht nach einer Antwort auf die Frage: Was sollen wir tun? Die gesamte traditionelle Ethik beschäftigt sich überwiegend mit folgenden drei Problemfeldern:

- mit der Frage nach dem „höchsten Gut“,
- mit der Frage nach dem „richtigen Handeln“,
- mit der Frage nach der „Freiheit des Willens“.

Als Hauptgegenstand der Ethik gelten den meisten Philosophen die menschlichen Handlungen und die sie leitenden Handlungsregeln (selbstgesetzte Maximen oder gesellschaftlich vorgegebene Normen)."[2] Eine Sparte der Ethik ist die „Sozialethik", eine Ethik des Gemeinschaftslebens und somit die Lehre von den ethischen Verhältnissen und Pflichten, die aus dem Gemeinschaftsleben erwachsen. Mit der Berufsethik sind die sie leitenden Handlungsregeln für das professionelle Handeln, die grundlegenden Wertehaltungen und der Wertekanon der Berufsgruppe und Verhaltensnormen gemeint, die für alle Fachkräfte der Profession gelten. Die Existenz der Profession begründet sich aus einer ethischen Wertehaltung der Gesellschaft.

Eine Profession, die es mit Menschen zu tun hat, die Kommunikation gestaltet, Menschen betreut, berät und ihnen hilft, kann nicht nur von einer subjektiven persönlichen Ethik handlungsleitend bestimmt werden. Vielmehr muss sie ethische Standards setzen, die für alle Berufsträger verbindlich sind.

Die Profession hat nicht nur das Recht, sondern die Pflicht, eine Berufsethik und ethische Standards des beruflichen Handelns zu formulieren. Die berufliche Ethik muss überprüfbar sein und letztlich auch justiziabel, d.h. sie muss verbunden sein mit Konsequenzen für die, die gegen diese Standards verstoßen. Es geht dabei einerseits um den Schutz der Klientel, des Nutzers und um Rolle und Funktion der beruflichen Sozialen Arbeit und andererseits um das Verhalten gegenüber anderen Berufen und Akteuren im Feld der Sozialen Arbeit. Leider gibt es (noch) keine einheitliche von allen Kräften der Profession anerkannte Berufsethik.

Der DBSH hat auf der Grundlage des „Code of Ethics" der International Federation of Social Workers (IFSW) berufsethische Prinzipien erstellt, die für die Mitglieder des DBSH Grundlage ihres beruflichen Handelns sind. Diese können eine Grundlage für diese Kompetenz sein.

3. Grundlagen

3.1 Christliche, jüdische Grundlagen

Die jüdischen und christlichen Religionen haben die ethischen Grundlagen Europas in den vergangenen Jahrhunderten geprägt. In den Religionen geht es um die Frage, wie ein gottgefälliges Leben zu führen ist. In einem frühen Stadium der Bibel in der Schöpfungsgeschichte heißt es: „Der Mensch ist nach dem Ebenbild Gottes geschaffen". Zahlreiche ethische Verhaltensnormen finden sich in der Folge in der Bibel. Die Bibel ist eine Beschreibung über die Erfahrung der Menschen mit Gott und der Frage, wie sie leben sollen.

In der Bibel werden Fragen der Gerechtigkeit und der Solidarität genauso angesprochen und normativ beantwortet wie Fragen des sozialen Zusammenlebens, der Menschenwürde, von Armut und Reichtum u.a.m. Natürlich darf in dieser Aufzählung das Prinzip der Nächstenliebe nicht fehlen, das in den genannten Religionen einen großen Wert besitzt. „Als christliche Grundentscheidungen werden verlangt: eine kompromisslose Bereitschaft zum Verzeihen (Feindesliebe) und die Achtung vor dem Freiheitsraum des anderen."[3]

In der Folge haben zahlreiche Kirchenlehrer und Philosophen ethische Fragen diskutiert und normative Verhaltensaussagen gemacht.

3.2 Humanistische Grundlagen

Der Humanismus umschreibt eine Geisteshaltung, die „das Menschsein (die Humanität im eigentlichen Sinn) allein schon als unbedingten, unveräußerlichen Eigenwert voraussetzt und demzufolge die jeweilige Verkörperung des Menschseins im einzelnen Menschen (die Individualität) als das höchste zu schützende und zu fördernde sittliche Gut anerkennt und demzufolge auf eine möglichst freie und umfassende Entfaltung der Individualität bedacht ist."[4]

Der Humanismus verbindet den christlichen Gedanken, nach dem Menschen den gleichen Wert haben, mit dem griechischen Gedanken, „dass der Wert des Menschen in der freien maßvollen Entfaltung der Persönlichkeit liegt."[5] Dort wo Menschen einer vorgeblich höheren Idee oder Ideologie untergeordnet und gleichgeschaltet werden, sind die humanistischen Ziele gefährdet.

Der Humanismus kämpft um die Sicherstellung der Menschenrechte. Dabei geht es in den Entwicklungsländern sicher erst einmal um die Sicherstellung der physischen Existenzgrundlagen, während es in den industrialisierten Ländern eher darum geht, den Menschen davor zu bewahren, als „wohl funktionierendes Glied in Automationsprozessen und Wirtschaftsmechanismen angesehen und bewertet zu werten.“[6]

„Seine Wurzeln liegen in der antiken Philosophie und wurden im 15. Jahrhundert in Europa wieder belebt. Bis in die heutige Zeit hinein wurde in verschiedenen Schritten und Revolutionen die Menschenwürde durch Menschen eingefordert.“[7]

Es seien hier nur beispielhaft für die Philosophie als Grundlage einige deutsche Philosophen genannt: Immanuel Kant, Hans Jonas und der Soziologe Max Weber.

Immanuel Kant, u.a. bekannt durch seinen „kategorischen Imperativ“, der der reinen Vernunft entspringt und ausschließlich auf dem Prinzip der Pflicht sowie der Freiheit des Menschen als eines autonomen Wesens basiert, besteht a priori, d.h. unabhängig von allen Erfahrungen. Er lautet: Handle nur nach derjenigen Maxime, durch die du zugleich wollen kannst, dass sie allgemeines Gesetz werde.

Die Verantwortungsethik von Hans Jonas versucht, den ethischen Anforderungen, die der beschleunigte Fortschritt von Wissenschaft und Technologie mit sich bringt, gerecht zu werden. Im Unterschied zur alleinigen oder primären Beurteilung der Absicht einer Handlung tritt bei ihm die Abschätzung der Folgen in den Vordergrund; statt von der schwierigen und strittigen Bestimmung eines höchsten Guten, nimmt seine Ethik ihren Ausgang vom dem viel leichter erkennbaren zu vermeidenden Übel.

Max Weber analysiert die Verantwortungsethik. Er hält sie für die entscheidende Handlungsnorm des Politikers.

3.3 Gesetzliche Grundlagen

Die Menschenrechte sind „die dem Individuum zustehenden Rechte auf Schutz vor Eingriffen des Staats“[8]. Die Menschenrechte gelten nicht nur für den Staat, sondern auch für dessen Bürger.

In der Literatur spricht man auch von den angeborenen oder unveräußerlichen Rechten als Antwort auf die totalitäre Staatlichkeit des Absolutismus. Eine Art anthropologische Menschenrechte gibt es offensichtlich nicht. Offensichtlich hängt die Gestaltung der Menschenrechte von der kulturellen und sozialen Entwicklung ab.

Im deutschen Grundgesetz sind diese als Grundrechte definiert. Diese sind in Artikel 1 bis Artikel 19 formuliert.

4. Kennzeichen

Sozialarbeiter/-innen, Sozialpädagogen/-pädagoginnen

- kennen philosophische Grundlagen und Wurzeln berufsethischen Handelns.
- kennen den „Code of Ethiks“ und die „Berufsethischen Prinzipien“ des DBSH.
- handeln auf diesen Grundlagen und können ihr Handeln nach diesen Grundlagen erklären.
- lassen sich nicht zu Handlungen zwingen, die im Gegensatz zu berufsethischen Prinzipien stehen.

5. Ausbildung

- Einführung in philosophische Grundlagen zur Ethik: Was ist Ethik? Christlich-jüdische Grundlagen, humanistische Grundlagen, normative Regelungen: Menschenrechte, Grundgesetz
- Vertiefung (Menschenwürde und Menschenrecht, Soziale Arbeit als Menschenrechtsprofession)
- Berufsethik (Einführung – Funktion einer Berufsethik)
- Berufsethik konkret: Code of Ethics des IFWS, Berufsethische Prinzipien des DBSH

Anmerkungen

1 s.a. Berufsethische Prinzipien des DBSH
2 vgl. Brockhaus, Stichwort Ethik, Wiesbaden 2001, S. 237
3 Schütz, Christian (Hrsg.): Praktisches Lexikon der Spiritualität, Freiburg i. Br. 1992, S. 348
4 Lexikoninstitut Bertelsmann: Das moderne Lexikon. Band 8, Gütersloh 1972, S. 284
5 ebd., S. 285
6 ebd.
7 Mührel, Eric: Benötigt Soziale Arbeit eine Berufsethik? In: DBSH-Landesrundbrief Niedersachsen/Hamburg/Sachsen-Anhalt 1/05, S. 3
8 Lexikoninstitut Bertelsmann, a.a.O., Band 12, S. 159

10

Kapitel X: Sozialprofessionelle Beratung

1. Einführung[1]

In der folgenden Qualitätsbeschreibung geht es nicht darum, die Standards der vielfältigen Beratungsformen dazustellen, sondern die „Sozialprofessionelle Beratung“[2] als eine grundlegende und typische Leistung der Profession Soziale Arbeit zu beschreiben.

Die Autoren sehen die „Sozialprofessionelle Beratung“ als die Grundlage für spezialisierte Beratungsformen. „Sozialprofessionelle Beratungskompetenz“ bildet demnach bei entsprechender Nachqualifizierung in einer „Spezialisierten Beratung“ den professionellen Hintergrund von Fachkräften der Profession Soziale Arbeit und wird in deren Handeln spürbar und sichtbar.

Aufgabe dieses Papiers ist es, die Schlüsselkompetenz aus der Sicht der Profession Soziale Arbeit zu bestimmen, Standards festzulegen und somit Transparenz herzustellen, die sowohl den

Hilfe- bzw. Ratsuchenden als auch den Fachkräften der Profession Soziale Arbeit und den Entscheidungsträgern in Politik und Verwaltung Sicherheit gibt.

Beratung ist im Kontext sozialprofessioneller Arbeit zu definieren und als genuine Form sozialprofessionellen Handelns zu verstehen.

Professionelle Beratung in der Sozialen Arbeit ist eine

- typische (häufig wiederkehrende, aufgaben-/auftragsbezogene)
- wertorientierte (auf berufseigene Normen bezogene)
- theoretisch fundierte (fachtheoretische Beiträge, Konzepte, Begründungen)
- eigenständige (sowohl von anderen beruflichen Handlungen als auch von anderen Beratungsberufen [wie bspw. der Psychologie, Jurisprudenz, Medizin] unterscheidbare)
- und somit eine an den professionellen Prinzipien orientierte Praxis.

Wir haben bewusst den Begriff der „Sozialprofessionellen Beratung" gewählt. Es geht darum, Beratung als Kernaufgabe der Sozialen Arbeit zu definieren und sie in Konkurrenz zu anderen Berufen als das Besondere unserer Profession zu beschreiben. Beratung grenzt sich dadurch von z.B. therapeutischen auf der einen und spezialisierten Beratungsformen auf der anderen Seite ab, da sie

- lebensweltbezogen in und mit den Strukturen der Klientel arbeitet,
- ressourcen- und netzwerkorientiert und damit vernetzend wirkt, also alle Unterstützungssysteme einbezieht,
- mehr als eine „Problem → Lösung"-Beratung ist.

Beratung in der Sozialen Arbeit hat ein eigenständiges Profil, das nicht von anderen Professionen übernommen werden kann. Im Kontext der „spezialisierten Beratung" bedient sich die Profession zusätzlicher Verfahren, z.B. therapeutischer Verfahren. Diese werden ergänzend zum ganzheitlichen Bezug der Sozialen Arbeit genutzt.

„Sozialprofessionelle Beratung" findet sich in verschiedenen Beratungsformen wieder, so u.a. im Gesundheitsbereich (Krankenhaussozialdienst), in der Allgemeinen Sozialberatung bzw. Sozialberatung (in der kommunalen Sozial- und Jugendhilfe oder bei Trägern der freien Wohlfahrtspflege), in der Gemeinwesenarbeit (Stadtteilbüros, Soziale

Brennpunkte). Außerdem in der so genannten „Spezialisierten Beratung“ wie z.B. Schuldnerberatung (bzw. Sozialberatung für Schuldnerinnen und Schuldner), Ehe- und Lebensberatung, Erziehungsberatung, Suchtberatung. Weiter auch in „Grenzgebieten“[3] der Sozialen Arbeit. Hierzu zählen: Supervision, Organisationsberatung oder Coaching, die als Grundlage von Fachkräften der Profession Soziale Arbeit zusätzlich zu einer fundierten Zusatzqualifikation erworben werden kann. Die Sozialprofessionelle Beratung ist auch Grundlage in der Streetwork-Arbeit oder einer anderen aufsuchenden Beratungstätigkeit.

2. Definition

2.1 Beratung allgemein

Beratung ist eine Form der mündlichen oder auch schriftlichen Hilfeleistung oder Unterstützung[4], aber auch eine besondere Form der Unterredung (Beispiel: Konsilium, Beratschlagung von Ärzten über einen Fall). Die Bezeichnungen innerhalb der Wortfamilie deuten z. B. auf „Rat“, „Bevorratung“, „Hausrat“.

„Beraten ist als ein Handeln definiert, das auf die Änderung eines – wie auch immer verursachten – Zustands der Hilfsbedürftigkeit, auf die Bewältigung einer Krise gerichtet ist.“[5]

Hilfebedürftigkeit erfasst aus unserer Sicht alle Formen von Problemlagen der Klientel: wirtschaftliche Probleme (SGBII und XII) oder Fragen des Asylrechts, Probleme in persönlichen oder Beziehungsfragen ebenso wie krisenhafte Entwicklungen. Der Anlass der Hilfebedürftigkeit kann individueller Art sein oder durch externe Situationen hervorgerufen werden und muss individuell nicht immer als „Problem“ erlebt werden.

2.2 Sozialprofessionelle Beratung

„Sozialprofessionelle Beratung ist eine subjektangepasste, biographiebezogene, situationsadäquate, kommunikativ vermittelte und vereinbarte Unterstützungshandlung zur Verbesserung der Einsichts-, Entscheidungs- und Handlungsfähigkeit von Einzelnen, Gruppen und Institutionen.“[6]

Es geht weiter um Entwicklungsmöglichkeiten (Empowerment). Dies kann Ebenen beinhalten wie z.B. Veränderung von Stadtteilstrukturen, eigene Entwicklungsplanung z.B. im beruflichen Kontext, ohne dass eine sozialstaatliche Verantwortlichkeit vorauszusetzen ist.

Sie ist eine bestimmte Form der Kommunikation und bedient sich der Vermittlung von Informationen, verschiedener professioneller Interventionstechniken sowie der Eigenkräfte und Erkenntnispotentiale der Ratsuchenden selbst.

Der Beratungsanlass setzt voraus, dass Ratsuchende einen Mangel oder in der Beratung eine Chance zur Weiterentwicklung oder Klärung erleben, wie z.B., dass sie

- Informationen benötigen, einordnen und Entscheidungen treffen können
- und/oder soziale Probleme oder Konflikte haben
- oder sich in einer Krise befinden
- oder fachliche Unterstützung wünschen (z.B. Konzeptentwicklung, Qualitätsentwicklung, Kosten-/Wirtschaftlichkeitsrechnung).

Beratung ist größtenteils „über die Träger (Anstellungsträger) direkt in das Gefüge gesellschaftlicher Institutionen eingebunden und damit mit deren Handlungslogiken und Erwartungen konfrontiert.“[7]

Sie findet also in Form institutionalisierter Beratung statt.[8]

Die folgenden drei Grundelemente kennzeichnen die „Sozialprofessionelle Beratung“:

- Freiwilligkeit als handlungsleitende Fiktion
- situative Asymmetrie
- Problembezug[9]

Beratung kann sowohl diffuse als auch spezielle Problembezüge haben, wobei zu beachten ist, dass Beratung eine eigene Dynamik hat.[10]

„Der Berater mit seinem ‚nicht linearen, häufig an der Person oder Personen, Organisationen und Einrichtungen (Ergänzung durch die Autoren) orientierten und eher längerfristigen Regelungsverständnis‘ befindet sich damit in einer strukturell widersprüchlichen Situation: Von zwei Seiten werden ‚schnelle Lösungen‘ erwartet, die seiner Grundintention entgegenstehen, und zudem wird die Substanz der ‚schnellen Lösung‘ durchaus diametral definiert.“[11]

2.3 Unterscheidung zwischen funktionaler und spezialisierter Beratung

Es ist zu unterscheiden zwischen funktionaler und spezialisierter Beratung. Im Unterschied zu einer funktionalen Beratung orientiert sich spezialisierte Beratung an

- speziellen Zielgruppen (z.B. überschuldete Menschen, Schwangere, Suchtkranke, Professionelle, Träger, Teams, Bürger eines Stadtteiles)
- speziellen (begrenzten) Aufgaben (Schuldnerberatung, Drogenberatung, Erziehungsberatung, Qualitätsentwicklung, Organisationsberatung)
- speziellen Zielen (z.B. Schuldenfreiheit, Bewältigung der Suchtkrankheit, Behebung von Erziehungsproblemen)
- überwiegend typischen Fragestellungen der Klientel (z.B. Ängste, Erziehungsprobleme, Schulden, Scheidung bzw. Trennung)
- der Anwendung spezieller Methoden oder Techniken aus dem psychologisch-therapeutischen Bereich
- speziellem Wissen und Können der Berater/-innen (Zusatzqualifikationen in speziellen Beratungstechniken)

„Spezialisierte Beratung“, ausgeführt von Fachkräften der Profession Soziale Arbeit, beinhaltet immer auch den „Sozialprofessionellen Beratungsansatz“ bzw. das „sozialprofessionelle Beratungsverständnis“, in der Regel sind zusätzliches Wissen und Methodenkenntnis notwendig.

Wir gehen davon aus, dass Menschen in unserer Gesellschaft zur Bewältigung von verschiedensten Lebenssituationen und aufgrund steigender Komplexität der Lebenslagen immer wieder die Möglichkeit haben müssen, sich beraten zu lassen. Dabei ist es wichtig, dass diejenigen, die sozialprofessionelle Beratung brauchen, nicht pathologisiert werden.

Deshalb sehen wir in der „sozialprofessionellen Beratung“ eine alltägliche Hilfeform. Sie gehört zum Leben. Beratung ist ein alltägliches und ein lebenslanges Angebot, auf das in verschiedenen Lebenslagen zurückgegriffen werden kann (biographische Lebensbrüche, Krisen etc.).

„Sozialprofessionelle Beratung“ wird verstanden als natürliche Unterstützung bei der Alltagsbewältigung/Lebensbewältigung. Es geht um das Arrangieren von „ganzheitlicher Hilfe“[12]. Beratung geschieht auch in der spezialisierten Beratung durch Fachkräfte der Profession Soziale Arbeit immer mit dem Blick auf die Lebenswelt der Ratsuchenden und ihrer Kompetenz.

„Sozialprofessionelle Beratung“ ist nicht nur das ernste Gespräch hinter verschlossenen Türen zwischen einer verständnisvollen Sozialarbeiterin und einem hilfebedürftigen Wohnungslosen. „Sozialprofessionelle Beratung“ findet ebenso in Mitarbeiterbesprechungen, Teamberatungen, Hilfeplankonferenzen, politischen Gremien, Stadtteilkonferenzen etc. statt.

Beratung ist im Regelfall keine isolierte Leistung. Sie findet innerhalb einer Reihe anderer Handlungen statt, ist also eingebettet in vorausgehende und anschließende sozialprofessionelle Aktivitäten. Dazu gehören z.B. telefonische Vorabklärungen, Informationen, Kontakte zu anderen Sozialen Diensten, Vermittlung zwischen unterschiedlichen Institutionen etc..

Das Makrosystem, d.h. der gesellschaftspolitische/sozialrechtliche Rahmen und das Exosystem, also der institutionell-organisatorische Rahmen wie z. B. Richtlinien des Trägers, gesetzliche Bestimmungen, Settings usw., sind für das sozialprofessionelle Handeln bestimmend.

Die konkrete Umsetzung, die unmittelbare Entscheidung, die einzelnen Schritte und Verfahren, die unmittelbare Verantwortung für das Handeln liegt bei den Beraterinnen/Beratern.

Das Mikrosystem, der intersubjektive Gestaltungsbereich und kommunikative Nahraum zwischen der Klientel und den „Sozialprofessionellen“, in die natürlich alle o.g. Systemebenen hineinreichen und sich gegenseitig bedingen, steht im Mittelpunkt der Betrachtung, wenn es um Beratung in sozialprofessionellen Zusammenhängen geht.

Dabei ist klar, dass das gesamte Milieu, die Voraussetzungen, unter denen die Soziale Arbeit überhaupt stattfindet, sich im Kontakt (in der Kontaktgestaltung, den Möglichkeiten, den Zielsetzungen, den Rahmenbedingungen, den Hilfsmöglichkeiten usw.) im Sinne einer „ökosozialen Perspektive“[13] widerspiegelt.

„Beratung ist das kommunikative Arrangement, die Unterstützung passend, also entsprechend den Potentialen, so zu organisieren, dass sich aus den Potentialen Ressourcen entwickeln können.“[14]

3. Kennzeichen

Sozialprofessionelle Beratung unterscheidet sich vom gelegentlichen „Rat geben“

- in der Dauer,
- der Gründlichkeit,
- der Eindringlichkeit
- und dem zumeist größeren Gegenstandsbereich.[15]

Im Unterschied zur Alltagsberatung wird:

- kein vorschneller Rat gegeben,
- keine oberflächliche Interpretation angeboten,
- keine unbedachte Beratersubjektivierung, d.h. keine unreflektierte, priorisierte, subjektive Eigensicht der Dinge, vorgenommen.

Die Beratung als zentraler sozialprofessioneller Handlungsmodus ist der Rahmen für den Zugang zur Zielgruppe, zu deren Welt- und Selbstverständnis, zu deren eigener Kultur- und Wertevorstellung. Nur in einem die Fremdheit des anderen anerkennenden Beratungsansatz kann ein aktiver Verständigungsprozess beginnen. Nicht durch vorschnelles Verstehen, sondern durch Nachfragen kann ein realistischeres kognitives und emotionales Verständnis für die Lage der Klientel entstehen.

Die „Sozialprofessionelle Beratung“ hat zum Ziel, eine intersubjektive Betrachtung zu ermöglichen. Dies bedeutet, dass weder die Sicht- und Denkweise der Beraterinnen und Berater noch die der Klientel Vorrang hat, es also keine/r besser weiß – und es darum auch a priori keine unbedachte, ideologische Parteilichkeit geben kann. Eine „kritische“ Parteilichkeit ist nötig“.[16]

Im Rahmen gemeinwesen- und netzwerkorientierter Ansätze werden Bedingungen und Hintergründe von Menschen in sozialen Brennpunkten oder Randgruppen und das jeweilige subjektive Klientenerleben erfragt, erforscht oder evtl. von den Professionellen selbst ausschnitthaft miterlebt.

Die Sammlung und Auswertung der Erfahrungen sowohl der betroffenen Klientel selbst als auch der Professionellen wird dann in gemeinsamen weiterführenden Beratungsgesprächen verarbeitet und zu strategischen Ansätzen verdichtet.[17]

4. Grundlagen

Philosophische, spirituelle und anthropologische Wurzeln von Beratung

Beratung gehört zum Leben. „Rat“ wurde im Sinne von „Mittel, die zum Lebensunterhalt notwendig sind“, gebraucht, „raten“ bedeutet u.a. „sich etwas geistig zurechtlegen“ (im Sinne von „sich beraten“, „mit sich zu Rate gehen“), „Vorsorge treffen“, aber auch „für jemand sorgen“ und „vorschlagen, empfehlen“.[18] Interessant ist auch die Tatsache, dass „herumraten“ und „rätseln“, aber auch „auf Anraten“ und „Rat“ als Titel in Wortnähe zu Rat und Beratung stehen.

Bereits im Altertum wurde Beratung zum Gegenstand von Überlegungen. Dazu das folgende Zitat: „Also betrifft das Überlegen die Dinge, die zumeist begegnen, die ungewiss sind, wie sie herauskommen, und bei denen unbestimmt ist, wie man handeln soll. Bei den großen Sachen nehmen wir Berater dazu, da wir uns selbst misstrauen und uns nicht für fähig halten, allein zu entscheiden“.[19]

Grundlage von Beratung war das Verständnis als Hilfe zum Leben. In einer immer komplizierteren Lebenswelt reichte eine bloße Alltagsberatung nicht mehr aus. Folgerichtig wurden bereits mit der Ausbildung zur „Fürsorgerin“, zum „Jugendwohlfahrtspfleger“ Grundlagen einer „Sozialprofessionellen Beratung“ geschaffen.

Modernes Leben stellt ein höheres Maß an Anpassungsfähigkeit der Menschen und dadurch auch ein höheres Maß an Anfragen. Es gibt weniger Routinen. Die Offenheit der Verhältnisse in der postmodernen Gesellschaft bedingt ein Mehr an Entscheidungsdruck. Dieser ist bedingt durch größere persönliche Freiheiten der Lebensführung.

Wenn wir „Sozialprofessionelle Beratung“ beschreiben, kann dies nur auf der Grundlage der Achtung und des Schutzes der Menschenwürde und Menschenrechte geschehen. Grundlagen der Menschenrechte wurden durch die Französische Revolution geschaffen: Brüderlichkeit, Schwesterlichkeit, Freiheit, Gerechtigkeit.

Respekt vor der Selbstverantwortung der Menschen, vor der Entscheidungsfreiheit und das grundsätzliche Vertrauen in die Fähigkeit der Selbstbestimmung sind handlungsleitend für die Profession Soziale Arbeit.

Menschen wollen Gemeinschaft und brauchen Solidarität. Solidarität ist nur dort möglich, wo Menschen in der Lage sind, autonom zu handeln und ihre Interessen zum Wohle der Gemeinschaft durchzusetzen. Menschen brauchen einen Sinn, sind fähig, einen Sinn für ihr Leben zu finden.

Grundsätzlich gehen wir davon aus, dass die „Ratsuchenden" denk-, lern-, einsichts-, entscheidungs- und handlungsfähig sind. Sie sind grundsätzlich fähig sich auszudrücken und fähig zu Emotionen. Diese Fähigkeiten können graduell unterschiedlich vorhanden oder aber auch „verschüttet" sein.

Beratung verstehen wir als „kooperativen" Akt. Auf dieser Grundlage werden in der Regel mit den Ratsuchenden Inhalt und Ziel der Beratung auszuhandeln sein. Dies gilt auch in den Fällen, in denen Beratung als Zwang bzw. aufgrund von Auflagen nicht unmittelbar aus der Motivation des Betroffenen geschieht. Können keine Vereinbarungen getroffen werden, ist Sozialprofessionelle Beratung nicht möglich.

Lebensweltorientierte Beratung

Lebensweltliche Ansätze – Alltagsbewältigung

- „Dieser Aspekt der Lebensweltorientierung bezieht sich auf die Bewältigungs- und Verarbeitungsformen von Problemen in der Lebenswelt der Adressatinnen und Adressaten, gewissermaßen auf die Spielregeln, in denen die Vorgaben, Themen und Strukturen bearbeitet werden, die sich aus der gesellschaftlichen Situation, den biographisch geprägten Lebenserfahrungen und den normativen Ansprüchen ergeben. Lebensweltorientierung zielt auf die Bewältigungs- und Verarbeitungsformen im Widerspiel von Vorgabe und Gestaltung, von Gegebenem und Möglichem/Aufgegebenem, von Aktualität und Potenz."[20]
- „Der Alltag mit seinen Routinen, Selbstverständlichkeiten, Offenheiten und Brüchen ist das Thema."[21] In diesem „Raum" findet privates Erleben gesellschaftlicher Realitäten statt, wird mit veränderten Gegebenheiten umgegangen, treffen persönliche Biographie und soziale Umwelt aufeinander und wird Realität unmittelbar erfahren.[22]
- Alle „Dramen" des Lebens, alle einschneidenden Erlebnisse, alles Erlittene, Ausgehaltene, Widersprüchliche bestimmen den Alltag,

zeigen sich in der individuellen Verarbeitung, verweisen auf Ressourcen und Kompetenzen, Mangelsituationen und Grenzen der Adressatinnen und Adressaten und ihrer Situation.
- Und: „Lebensweltorientierung der Sozialen Arbeit verlangt einen Umbau sozialer Dienstleistungen unter den Prinzipien der regionalen Organisation und Vernetzung, der niederschwelligen, in gegebene Verhältnisse integrierte Hilfen, der neuen Netze aus Selbsthilfe, informellen Angeboten und professionellen Unterstützungen."[23]

Handlungs- und Strukturmaxime der Lebensweltorientierung

- Prävention zielt darauf, „rechtzeitig" Hilfe zu leisten, Schlimmeres zu verhüten, den Adressatinnen und Adressaten, je nach Zielgruppe und Lebenslage, Möglichkeiten für eine angemessene Entwicklung, für Ressourcenzugang, für bedürfnisgerechte Lebensformen etc. einzuräumen.
- Dezentralisierung und Regionalisierung bieten die Voraussetzung, „vor Ort" gemäß den Gegebenheiten und Möglichkeiten Hilfen zu organisieren und die Verhältnisse kennen zu lernen, in denen die Klientel lebt. Ressourcenmobilisierung und passende Hilfekonzepte werden so möglich.
- Alltagsorientierung bedeutet, die Hilfe so zu organisieren, dass Hilfe im Bewältigen des Alltags geleistet wird, dass die „Hilfe zur Selbsthilfe" im Vordergrund steht, wobei das Recht auf Eigensinnigkeit, auf Schrulligkeit betont wird. Eine vorschnelle Pathologisierung, Separierung und Einengung des Blickwinkels soll vermieden werden.
- Partizipation und Integration sind die entsprechenden Ziele einer lebensweltorientierten Sozialen Arbeit. Teilnahme am gesellschaftlichen Leben, Dazugehören, Dabeisein, Eingebundensein in gegebene oder neu zu gründende soziale Netze stehen gegen Ausgrenzung, Randständigkeit und Isolation.
- Selbstbestimmung ist ein wesentliches Grundziel der Profession Sozialer Arbeit.
- Veränderung von Einstellungen und Verhalten beim Klientel und der sozialen Umgebung ist oft die Grundlage für einen gelungenen Alltag.

Die inneren und äußeren Umstände, die eine schwierige, unerfüllte, für sich selbst und/oder andere problematische Lebensführung im Alltag bewirken, sind Erklärungs- und Interventionsort zugleich.

Die Anforderung besteht für die Sozialprofessionellen darin, die Zustände der Klientel zu kennen und begreifen zu lernen, was es bedeutet, in dieser Umgebung, unter diesen Voraussetzungen – vielleicht auch mit dieser Vergangenheit – zu leben.

Wenn Hilfe in den gegebenen Verhältnissen nicht mehr möglich ist (schwere psychische Erkrankung, Drogenabhängigkeit etc.), sind Lernräume zu gestalten, in denen Alltagskompetenzen wieder erlernt oder eingeübt werden können (z. B. soziale Rehabilitationseinrichtung für psychisch Kranke oder Drogenabhängige). Also auch außerhalb der üblichen Wohn- und Lebensräume sind lebensweltorientierte Ansätze umsetzbar.[24]

Die Zunahme an Eigenleistung in den entscheidungsfähigen Lebensbereichen (z. B. bei Partnerschaft, Kinderwunsch, Wohnort, Bildungs- und Berufsorientierung) erfordert eine ständige Entscheidungsfähigkeit, eine kognitive und emotionale Beweglichkeit. Verlässlichkeiten und Rollenzuschreibungen verflüssigen sich, der Druck auf die Einzelnen, selbständig und unabhängig zu sein, nimmt zu.[25]

Dies bedeutet, dass lebensweltorientierte Soziale Arbeit nicht nur Hilfe zur Wiederherstellung von Alltagskompetenzen in der jeweiligen Lebenswelt leisten soll (Maxime der Integration), sondern auch einen kritischen Blick auf die Lebensverhältnisse, die Widersprüche, die Anforderungen richten und auf Veränderungen und Alternativen hinwirken muss.

Lebensweltorientierung zielt darauf, Prinzipien wie Ganzheitlichkeit, Offenheit, Einmischung in die Situation als Zielsetzungen für die Soziale Arbeit anzuerkennen.[26]

Die Lebensweltorientierung gibt eine Richtung vor, innerhalb derer alle Arbeitsschritte und Hilfeplanungen orientiert und reflektiert werden können. Die Beratungszielsetzungen sind entlang folgenden Lebensweltprinzipien zu skizzieren:

- Partizipation, Integration
- Hilfe zur Selbsthilfe
- Prävention (primäre, sekundäre)

- Alltagsorientierung
- Politische Bezugsebene

Sozialprofessionelle Beratung hat auch eine politische Bezugsebene. Nach wie vor haben es Fachleute der Profession Soziale Arbeit vor allem mit Menschen zu tun, die von unserer Gesellschaft ausgegrenzt werden oder von Ausgrenzung bedroht sind. Auftrag der Profession Soziale Arbeit ist es, Ausgrenzungen zu verhindern und Menschen beim Integrieren in die Gesellschaft zu unterstützen. Es geht um Partizipation. Sozialprofessionelle Beratung hat immer auch das Ziel, die Rat- und Hilfesuchenden bei der Teilhabe (Partizipation) an den Dienstleistungen und Gütern und bei der Gestaltung der Sozialen Netze zu unterstützen und Solidarität zu fördern. Dabei geht es auch um Förderung, Stärkung der Verantwortung als Teil der Gesellschaft. „Sozialprofessionelle Beratung“ unterstützt die „zivile Gesellschaft“, indem Rat- und Hilfesuchende gestärkt und ermuntert werden, ihre jeweilige Verantwortung für sich und andere zu sehen und zu übernehmen.

In diesem Sinne hat „Sozialprofessionelle Beratung“ immer auch eine politische Dimension.[27]

5. Standards für „Sozialprofessionelle Beratung“

Prozessstandards

Beratung muss nachhaltig wirken, d.h. dass Beratung über die momentane Problematik hinaus wirken und modellhaft vom Klientel bei zukünftigen Problemlagen zur eigenständigen Lösung beitragen soll.

Sie muss zielgerichtet und kontextspezifisch sein, d.h. Grenzen und Möglichkeiten der Intervention beachten. Sie ist darüber hinaus zeitlich begrenzt und erfolgt vertragsgemäß mit Personen, die Unterstützung bei einem oder mehreren Problemen suchen. Grundlage der Beratung ist in der Regel ein Kontrakt über Ziele bzw. gewünschte Ergebnisse, Art und Weise der Beratung, Klärung von Verantwortlichkeiten und Aufgaben, Methode.

Die professionelle Grundhaltung zeichnet sich dadurch aus, dass z.B. der Klient im Wesentlichen Inhalte und Zeit des Lernens bestimmt.

Aufsuchende Beratung ist für Menschen da, die nur auf diese Art erreicht und beraten werden können (z.B. im Milieu, Streetwork).

Zielsetzung von Beratung (Ergebnisstandards)[29]

- Ratsuchende haben Orientierungshilfen erhalten.
- Ratsuchende sind in der Lage, ihren Alltag und ihr Leben zu bewältigen.
- Klienten haben neue Einsichten gewonnen.
- Klienten können aufgrund dieser neuen Einsichten Entscheidungen für die Gestaltung ihres Alltages treffen.
- Klienten sind handlungsfähig und können Verantwortung für ihre Entscheidungen übernehmen.
- Klienten haben Krisen bewältigt und können auf der Suche nach weiterer Hilfe anders begleitet werden.
- Klienten haben über den entsprechenden Beratungsgrund hinaus Möglichkeiten gelernt oder Fähigkeiten entwickelt, mit ähnlichen Problemen besser umgehen zu können (Nachhaltigkeit).

Notwendige Rahmenbedingungen (Strukturstandards)

- Personale Voraussetzungen
  - Beziehungsfähigkeit der Fachkräfte
  - Fachkräfte verfügen über kommunikative und damit auch reflexive Fähigkeiten
- Fachliche Voraussetzungen
  - Abgeschlossenes Studium der Sozialen Arbeit/ Sozialpädagogik
  - Die fachliche Kompetenz wird gesichert durch die im Studium vermittelte Beratungskompetenz.
  - regelmäßige Fortbildung, regelmäßige Weiterbildung in Beratung
  - Supervision und/oder kollegiale Praxisbegleitung
  - Fachberatung
  - genügend Zeit für Vor- und Nachbereitung

- Räumliche/technische Voraussetzungen
  - Eigenes Büro bzw. abgeschlossener Beratungsraum
  - Möglichkeiten, Störungen von außen abzuschalten
  - Geeignete Dokumentationsinstrumente
  - Notwendige technische Ausstattung (z.B. Aufnahmegerät, Flipchart)

6. Ausbildung/Studium – Lehrinhalte

Dazu gehören vor allem:

- Vermittlung von Bezugstheorien von Beratung
- Lebensweltlicher Ansatz
- Netzwerkansatz (Ökosozialer Ansatz u.a.)
- Anthropologische, psychologische Grundlagen
- Kenntnis der berufsethischen Prinzipien des DBSH
- Einführung in verschiedene Beratungskonzepte und Methoden[30]
- Theoretische Grundlagen der Kommunikation
- Methodengrundlagen von Beratung/Gesprächsführung
- Rechtliche Kenntnisse (Grundlagen in BGB, Sozialrecht, Verwaltungsrecht, Verfahrensrecht)
- Praxis der Beratung (vermittelt in Praktika unter Einbeziehung der Praxisanleiter)
- Supervision der Praxis

6.1 Gesetzlicher Schutz für „Sozialprofessionelle Beratung"

Im Laufe des beruflichen Handelns kommt es immer wieder zu Fragen und Problemstellungen, bei denen Beratung sinnvoll weiterhelfen kann. Deswegen halten wir die Bereitstellung von Beratung als eines kontinuierlichen Angebots für unabdingbar.

Zum Schutz der Nutzer/Ratsuchenden/Klienten ist es erforderlich, Beratung durch ein Gesetz zu schützen, in dem Mindestqualitätsstandards festgeschrieben werden.

Dies kann in einem Beratungsgesetz, aber auch in einem Berufsgesetz erfolgen.

Folgende Kriterien muss ein Gesetz erfüllen:

- Verbraucher-/Klientenschutz

- Selbstschutz der Berufsgruppe
- Qualitätskriterien (Mindeststandards) müssen genannt werden.
- Datenschutz
- Verschwiegenheitspflicht und Zeugnisverweigerungsrecht

Anmerkungen

1 Diese Schlüsselkompetenz wurde in der Bundesmitgliederversammlung des DBSH 2003 verabschiedet. Sie war der eigentliche Auslöser, weitere Schlüsselkompetenzen zu beschreiben.

2 Die Adjektiva sozialarbeiterisch und sozialpädagogisch werden zu sozialprofessionell zusammengefasst.

3 Diese Beratungsformen sind keine originären Tätigkeiten der Sozialen Arbeit. Ihre Ausübung ist nicht an die Profession Soziale Arbeit gebunden. Der erfolgreiche Studienabschluss als Diplom-Sozialarbeiter/-in, Dipl.-Sozialpädagoge/-pädagogin ist lediglich eine Zugangsmöglichkeit zu dieser speziellen Beratung. Deshalb sprechen wir von Grenzgebieten.

4 Murgatroyd, Stephen: Beratung als Hilfe, Weinheim 1994, S. 19

5 Fromann, A./Schramm, D./ Thiersch, H: Sozialpädagogische Beratung. In: Zeitschrift für Pädagogik, 22. Jahrg., Nr. 5, S. 715

6 a.a.O., S. 22

7 Aus dem Zwischenbericht der wissenschaftlichen Begleitung des Modellprojekts „Sozialbüros“ NRW, Minist. f. Arbeit, Soziales und Stadtentwicklung, Kultur und Sport, NRW, 1998, zitiert in der Leistungsbeschreibung „Beratung“ der Abteilung Soziale Dienste (unveröffentlichtes Arbeitspapier), Caritasverband für die Diözese Mainz.

8 Für uns bedeutet „institutionalisierte Beratung“ generell Beratung, die durch Institutionen wie karitative und soziale Einrichtungen oder Organisationen sichergestellt wird. Dieser Begriff wird auch verwandt für „spezialisierte Beratungsangebote“, die z.B. per Gesetz oder Verwaltungsvorschriften besonders gefördert werden (Ehe- und Lebensberatung, Schwangerenberatung, Schuldnerberatung etc.).

9 Siehe Arbeitspapier Beratung, Caritasverband für die Diözese Mainz.

10 Spezielle Probleme: klar benannt, beschreibbar und abgrenzbar oder auf ein spezielles Themenspektrum zentriert. Diffuse Probleme: thematisch offen, nicht sofort (oder gar nicht) greifbar, inhaltliche Offenheit, offene Thematisierung.

11 Arbeitspapier „Beratung“, Caritasverband für die Diözese Mainz

12 Der Focus der Beratung ist über das Thema bzw. den spezialisierten methodischen Ansatz hinaus auf die Frage gerichtet: Was braucht jemand an Hilfe? In einer spezialisierten Beratung durch Fachkräfte der Profession

müssen im Sinne von „Sozialprofessioneller Beratung" mindestens über das in der spezialisierten Beratung zu klärende Problem hinausgehende Fragestellungen und Probleme der Ratsuchenden erkannt, benannt und entsprechende Hilfemöglichkeiten dem Ratsuchenden gezeigt oder vermittelt werden. Sozialprofessionelle Beratung bezieht andere Hilfemöglichkeiten mit in die Beratung ein.

13 Wendt, Wolf-Rainer: Ökosozial denken und handeln. Grundlagen und Anwendungen in der Sozialarbeit, Freiburg i. Br. 1990

14 s. Schulz-Wallenwein, Uwe: Ethik in Beratung. In: Seifert, A. (Hrsg.): Ethik in Beziehungen, Frankfurt/M. 1996, S. 6

15 a.a.O., S. 12

16 Schulz-Wallenwein, Uwe, a.a.O., S. 13

17 ebd., S. 14

18 Duden, Das Herkunftswörterbuch, Mannheim 1989, S. 572 f.

19 Aristoteles, Eth.Nic 1112b, zit. nach Weisbach, C.-R.: Beratung kann man lernen – ist empathische Kompetenz trainierbar? In: Brunner E. J./Schönig W. (Hrsg.): Theorie und Praxis von Beratung, Freiburg i. Br. 1990

20 Thiersch, Hans: Lebensweltorientierte Soziale Arbeit, Weinheim 1992, S. 12

21 ebd., S. 41

22 Thiersch, Hans: Ausblick. In: Thiersch, H./Grunwald K. (Hrsg.): Zeitdiagnose Soziale Arbeit, Weinheim 1995a, S. 248

23 ebd., S. 250

24 Lempp, Reinhart.: Alltag und Psychiatrie. In: Grunewald K./Ortmann F./ Rauschenbach T./Treptow R.: Alltag, Nicht-Alltägliches, und die Lebenswelt, Weinheim 1996, S. 56

25 Thiersch, Hans: Lebensweltorientierte Soziale Arbeit, Weinheim 1992, S. 45

26 Thiersch Hans: Strukturierte Offenheit. Zur Methodenfrage einer lebensweltorientierten Sozialen Arbeit. In: Rauschenbach T./Ortmann F./Karsten, M.-E.: Der sozialpädagogische Blick, Weinheim 1993, S. 15

11

Kapitel XI: Kompetenz zur Praxisforschung/Evaluation

1. Einführung

Im Zusammenhang mit einer weiteren Professionalisierung und Disziplinbildung der Sozialen Arbeit ist es notwendig, Kompetenzen zur Erforschung von Strukturen und Prozessen in der Praxis zu schaffen, zu fördern und weiterzuentwickeln. In jüngster Zeit tritt deshalb verstärkt die Notwendigkeit einer Kompetenzentwicklung in der Sozialarbeitsforschung in den Vordergrund.[1] Sozialarbeitsforschung als Praxisforschung bzw. Evaluation zu konzeptionieren, heißt anzunehmen, dass Theorie und Forschung mit der Praxis in enger Verbindung stehen, so dass aus dem originären Gegenstand der Sozialen Arbeit heraus die wissenschaftliche und praxisorientierte Forschung und Weiterentwicklung der Profession möglich wird. Praxisforschung hat damit auch einen großen Einfluss auf die Fortschreibung der Sozialarbeitswissenschaft insgesamt.

Aus diesem Grund haben sich die Autoren entschieden, auch diese Kompetenz mit in den Kanon der Schlüsselkompetenzen für die Soziale Arbeit aufzunehmen. Damit ist nicht vornehmlich eine auf die akademische Ausbildung von Sozialarbeiterinnen/-arbeitern, Sozialpädagoginnen/-pädagoen reduzierte Forschungsmethodik gemeint, die sich auf Grundlagenforschung im Elfenbeinturm beschränkt. Vielmehr ist die alltägliche sozialarbeiterische Hilfepraxis selbst Gegenstand der Forschung. Praxisforschung dient damit zwei Zielsetzungen: Zum einen kann mit ihren Erkenntnissen die Sozialarbeitswissenschaft fortgeschrieben, zum andern auch die Hilfepraxis selbst verbessert werden.

2. Definition

Praxisforschung oder auch anwendungsbezogene Forschung (gegenüber erkenntnisorientierter Grundlagenforschung) kann folgendermaßen verstanden werden: „Im Unterschied zur Grundlagenforschung soll die anwendungsorientierte Forschung Erkenntnisse, die bei konkreten Ereignissen im Praxisalltag herangezogen werden können, liefern. Es stehen keine abstrakten Zusammenhänge (‚Gesetzesmäßigkeiten') im Vordergrund der Forschung, sondern die Anwendbarkeit der Ergebnisse auf ein aktuelles Ereignis (‚Fall') oder auch eine Klasse gleichartiger Ereignisse (‚Fälle')."[2]

Schließt man sich dieser differenziellen Definition an, so heißt dies keineswegs zwingend, dass weder das eine (Grundlagenforschung) noch das andere (anwendungsorientierte Forschung) an einen bestimmten Ort (Universität, Fachhochschule, Praxis) gebunden ist. Auch die Frage nach dem Veränderungspotential der Forschung ist damit nicht beantwortet. So muss Grundlagenforschung nicht zwangsläufig non-instruktiv wirken, indem „nur" etwas beschrieben wird, und anwendungsorientierte Forschung instruktiv, weil sie direkt die Praxis verändert. Die Stärke des Veränderungsimpulses von Forschung ist daher u.E. nicht von ihrem Fokus abhängig, sondern von der Intention und Eingebundenheit des Forschungsinteresses.

Sie kann sich als Assessmentforschung, als Interventionsforschung oder als Evaluationsforschung darstellen. Assessmentforschung bedeutet die systematische Erfassung von Faktoren, die für eine Sozialarbeiterische Diagnose vonnöten sind bzw. die Entwicklung geeigneter Einschätzungs- bzw. Diagnoseverfahren.[3] In Ergänzung dazu setzt die Interventionsforschung auf die Beobachtung und Beschreibung von Effekten sozialarbeiterischer Intervention und untersucht damit sowohl die Struktur- wie auch die Prozess- und Ergebnisqualitäten der entsprechende Hilfsprozesse, um die Wirkung sozialarbeiterischen Handelns zu belegen. Schließlich nimmt die Evaluationsforschung sich der Erforschung des gesamten Handlungsfeldes an, indem die soziale Hilfe stattfindet, und untersucht die dazugehörigen Prozesse und Strukturen. Diese Art der Forschung, die einen Gesamtrahmen beschreibt, dient insbesondere zur Legitimierung sozialarbeiterischer Hilfen gegenüber Kosten- und Leistungsträgern sowie der Politik.

Praxisforschung als ein Bereich der Sozialarbeitsforschung dient damit zusammenfassend der Weiterentwicklung der Praxis unter Zuhilfenahme wissenschaftlicher Erkenntnis. Damit stellt sie eine Reflexionshilfe dar, mit deren Erkenntnissen sich die soziale Praxis selbst professionalisieren kann.

Praxisforschung zeichnet sich durch einen entscheidenden Vorteil aus. Durch ihren besonderen Ansatz entgeht sie nämlich dem folgenden grundlegenden Problem sonstiger Wissenschaft: „Es ist bekannt, dass sich wissenschaftliche Erkenntnisse in der Praxis nicht einfach [kursiv im Original, Anm. D.R.] anwenden lassen. Hilfeprozesse verlaufen in humanen Hilfepraxen vielfach nicht zügig und rational. Sie sind vielmehr durch zahlreiche Unwägbarkeiten und Dilemmata gekennzeichnet.“[4]

Dadurch ist gleichzeitig der Anspruch an die Praxisforschung gestellt und damit auch an die Kompetenzen von Sozialarbeiterinnen/-arbeitern, sich der Komplexität und Widersprüchlichkeit der Praxis methodisch zu stellen. Dies bedeutet, sowohl mit entsprechender Sensibilität für die Klientel und die Professionellen in der Praxis als auch mit fundierter Methodik an den Erkenntnisgegenstand heranzugehen. Diese Art der besonderen Methodologie der Praxisforschung in der Sozialen Arbeit ist noch in weiten Teilen zu beschreiben und weiterzuentwickeln.

Ein weiterer Ausgangspunkt für eine Argumentation in Richtung der Bedeutung von Praxisforschung besteht in der Annahme, dass in der

Praxis einerseits durchaus entwickelte, erprobte und bewährte Praxeologien vorhanden sind, diese jedoch andererseits immer noch in der Literatur gefordert werden. Dieser Umstand hängt damit zusammen, dass die bisherige Wissenschaft sich nicht genügend um die Ergebnisse der Praxis gekümmert und die Praxis neue theoretische Arbeiten nur mühsam rezipiert und umgesetzt hat. Eine Epistemologie der Praxis stellt sich dieser Praxis als einer durch Komplexität und Instabilität gekennzeichneten Sphäre, die zu einem „reflection-in-action" führen sollte. Die daraus resultierende Praxeologie stellt jedoch keineswegs eine Halbwissenschaft dar, sondern ist vielmehr die komplementäre Ergänzung zu einer weitgehend theoretischen und damit praxisfernen Wissenschaft und Forschung.

Schließlich besteht durch die zunehmende Spezialisierung der Profession Soziale Arbeit in näherer und ferner Zukunft die Gefahr, dass auch sie – ähnlich wie andere Funktionssysteme der Gesellschaft – sich immer weiter von ihrem Gegenstand, nämlich den sozialen Problemen der Menschen, entfernt. „Das mit dieser Differenz verbundene Problem besteht darin, dass die ursprüngliche Einheit von Wissensproduktion und Handeln durch die partielle Trennung der Wissensproduktion vom Handeln bzw. von der Wissensverwendung aufgelöst wird."[5]

Dieser Gefahr kann nur durch die Etablierung einer Praxisforschung entgegengewirkt werden, die den Unterschied von reiner wissenschaftlicher Theorie („Wahrheit") und praktischer Erkenntnis von Umsetzungsmöglichkeiten („Wirksamkeit") möglichst gering hält.

3. Kennzeichen

Auf der Grundlage der bisherigen Ausführungen sollten daher Fachkräfte der Profession Soziale Arbeit in der Lage sein, folgende Inhalte zu beherrschen.

Sie sollten in einem notwendigen Maße sensibel sein für Strukturen, Prozesse und Ergebnisse sozialer Arbeit, die sie befähigt, aus diesen Erkenntnissen Forschungsfragen abzuleiten. Diese Forschungsfragen müssen problemadäquat formuliert und strukturiert sein. Dies bedeutet eine weit gefächerte Kenntnis sowohl methodischer als auch methodologischer Grundlagen und ihrer jeweiligen Einsetzbarkeit. Wenn z.B. eine eher evaluativ angelegte Studie zur Nutzerzufriedenheit von sozialen Dienstleistungen geplant ist, weil z.B. die Zahl der Klientinnen/Klienten rückgängig ist, wird es unerlässlich sein, zunächst einzelne Interviews zur Exploration des Problems zu führen und diese dann mit Expertenmeinungen zu verknüpfen. Für die Darstellung des Nutzens einer sozialen Dienstleistung hingegen sollte auf ein Studiendesign abgehoben werden, das sowohl Struktur- als auch Prozess- und Ergebnisqualitäten der Hilfe erfasst, etwa in Form von Verlaufsdokumentationen oder Nutzenkontrollen.

Zusätzlich kann es im Sinne einer eher innovativen Entdeckung neuer notwendiger Hilfsangebote ratsam sein, eine Feldexploration innerhalb der bereits bestehenden Hilfelandschaft vorzunehmen, Experten- und Betroffeneninterviews zu führen und aus einer daraus resultierenden Beschreibung des bisherigen Systems Vorschläge für dessen Weiterentwicklung zu formulieren.

Letztlich geht es also in der Anwendung von Praxisforschung darum, das Explorationsfeld (Institutionen, soziale Räume, Personengruppen), das konkrete Erkenntnisinteresse (Forschungsfragen) und die anzuwendenden Forschungsmethoden eindeutig zu definieren.

Hierzu müssen Fachkräfte der Profession Soziale Arbeit über folgende Kenntnisse verfügen:

- Methoden der qualitativen wie quantitativen Sozialforschung
- Fähigkeit zur Entwicklung eigener Fragebögen bzw. Assessementinstrumente
- Kenntnis von Praxisevaluationsinstrumenten (Qualitätsprüfung, Checklisten etc.)
- Methodologische Kenntnisse über Erkenntnistheorien, Anwendungsbegrenzungen bzw. theoretische Grundlagen der Sozialforschung
- Kenntnisse klassischer Arbeiten zu den herausragenden Themen der empirischen Sozialforschung (z.B. Jahoda et. al. Die Arbeitslosen von Marienthal; Merton, Sozialstruktur und Anomie)
- Fähigkeit zur theoretischen Erkundung der bereits geleisteten Arbeiten bezüglich des Praxisfelds bzw. spezieller Erkenntnisprobleme

4. Grundlagen

Grundlagen der Praxisforschung sind die bereits anderenorts beschriebenen Wissensbestände und Methoden der Sozialwissenschaft. Dazu gehören sowohl die Ansätze der Aktionsforschung („action research") als auch – methodisch gesehen – die gesamte empirische Sozialforschung mit ihren qualitativen und quantitativen Instrumenten der Wirklichkeitserfassung. Praxisforschung ist ein Teil der Aktionsforschung (action research), die u.a. von Kurt Lewin entwickelt wurde und in besonderem Maße auf die Bedürfnisse der Praxis abzielt. Dabei ist „action research [...] im Gegensatz zu ähnlichen Formen des Feldexperiments durch die Absicht gekennzeichnet, mit Hilfe der empirisch fundierten Analyse eine verbessernde Änderung der untersuchten Situation herbeizuführen und diese Änderung womöglich in die Untersuchung mit einzubeziehen. Die enge Verbindung dieser Methode zur Praxis ermöglicht es dem Praktiker, seine eigene Arbeit immer wieder zu objektivieren, damit zugleich ideologischen Verfestigungen und routinemäßigen Erstarrungen vorzubeugen und die Bedingungen erwünschter Veränderungen der sozialen Realität zu reflektieren".[6]

Weiterhin kann „bestimmte Vorgänge und Zusammenhänge [...] nur der Praktiker wahrnehmen, der unmittelbar in der täglichen Arbeit steht."[7]

Durch die mittels der praktischen Arbeit des/der Sozialarbeiters/-in gegebene Nähe zu den Problemen und Lebenswelten der Klientinnen und Klienten gelingt es ihr sehr schnell, einen empirischen Zugang zu erhalten. Zugleich kennt sie – und damit ist die Praxisforschung gut motiviert – die Probleme ihres Arbeitsfeldes und kann dementsprechende Fragestellungen und Forschungsansätze entwickeln. Dabei stellt die Doppelrolle als Forscherin und Helferin im Sinne der qualitativen Sozialforschung kein Problem dar, da nicht von einer objektiven Stellung des Forschers außerhalb des Feldes ausgegangen wird. Vielmehr liegt eine besondere Qualität in dieser Doppelfunktion, allerdings sollte sich die Forscherin mit anderen Praktikerinnen bzw. Forscherinnen besprechen und ihre Forschung damit reflektieren. Deshalb ergänzen Bittner/Flintner auch, dass „andere Vorgänge und charakteristische Züge [...] nur aus einem bestimmten Abstand und nur dann sichtbar sind, wenn der Beobachter nicht unmittelbar eine Rolle innerhalb des Feldes übernimmt“.[8]

Standards oder Arten der Praxisforschung lassen sich vor allem im methodischen Bereich beschreiben, aber auch in der Durchführung von Praxisforschungsvorhaben. Durch eine „kooperative Praxisentwicklung“[9] zwischen Wissenschaft und Praxis wird der Stellenwert und die Kompetenz der jeweiligen Akteure in Wissenschaft und Praxis als Träger je unterschiedlicher Formen von Wissen und von Wissenskulturen wertgeschätzt und in einen konkreten kooperativen Problemlösungsprozess einbezogen. Damit könnte dann sowohl die unmittelbare Problemlösungskapazität der Praxis als auch die mittel- und langfristige Wissensproduktion in der Sozialarbeitsforschung insgesamt gesteigert werden.

Folgende Methoden der empirischen Sozialforschung sind anwendbar:

Qualitative Methoden:
- Biografiearbeit
- Leitfadengestützte Interviews mit Betroffenen und Professionellen
- Problemzentrierte Interviews mit Betroffenen und Professionellen
- Gruppendiskussionen
- Beobachtungen

Quantitative Methoden:
- standardisierte Messinstrumente (Fragebögen, Beobachtungsbögen, Scores, Indices etc.)
- Input-Outcome-Messungen (z.B. Kosten-Nutzen-Analysen, Veränderungseffekte bei sozialarbeiterischen Interventionen etc.)

6. Ausbildung/Studium

In der Ausbildung sollte sich insbesondere der sozialarbeitswissenschaftliche Teil des jeweiligen Curriculums unter Zuhilfenahme von Methoden der Sozialforschung im Allgemeinen annehmen ??. Damit ??? sollte sich die Praxisforschung sowohl auf Grundlage der empirischen

Forschungszweige als auch als Ergebnis eigener Anwendung in praktischen Arbeitsfeldern der Sozialen Arbeit entwickeln. Dies sollte im Sinne einer guten Ausbildung im Zuge theoretischer und methodologischer Überlegungen und Lehrinhalte als auch im Besonderen durch Fallarbeit und projektbezogene erste eigene Forschungsschritte der Studierenden ermöglicht werden. Forschungswerkstätten oder auch Forschungskolloquien könnten sowohl im grundständigen Bachelor als auch – dann mit mehr Gewicht – in eher forschungsorientierten Masterstudiengängen ihren Platz finden.

In diesem Zusammenhang sollten die Studierenden lernen,

- Probleme der sozialarbeiterischen Praxis zu benennen,
- Methoden einer gezielten Erforschung von Problemen und möglichen Lösungen auszuwählen,
- ein geeignetes Studiendesign zu entwerfen,
- die Studien durchzuführen und
- schließlich eine entsprechende Veröffentlichung und Praxisimplementation zu erreichen.

Anmerkungen

1 vgl. die Beiträge im Sammelband von Steinert, E. et al.: Sozialarbeitsforschung – was sie ist uns was sie leistet. Eine Bestandsaufnahme, Freiburg i. Br. 1998 und auch: Engelke, E.: Die Wissenschaft Soziale Arbeit, Werdegang und Grundlagen, Freiburg i. Br. 2003

2 Engelke, a.a.O., S. 355

3 vgl. Adler, H.: Eine gemeinsame Sprache finden, Klassifikation in der Sozialen Arbeit – Ein Versuch: das Person-In-Environment-System. Blätter der Wohlfahrtspflege, Heft 7 + 8, S. 161-164

4 Ortmann, K.-H./Schaub, H.-A.: Klinische Sozialarbeit – Eine kritische Sicht auf ein neues Fachgebiet. In: Theorie und Praxis der Sozialen Arbeit, 2002, Heft Nr. 1, S. 71

5 Sommerfeld, P.: Erkenntnistheoretische Grundlagen der Sozialwissenschaft und Konsequenzen. In: Steinert, E. et al., a.a.O., S. 15

6 Bittner, G./Flitner, A.: Aufgaben und Methodik sozialpädagogischer Untersuchungen – Zum Konzept der „praxisbegleitenden Forschung“. In: Zeitschrift für Pädagogik, 15. Jg. Nr. 1, 1989, S. 65

7 ebd., S. 69

8 ebd.

9 Sommerfeld, P., a.a.O.

Schlussbemerkungen

Mit dieser Beschreibung haben wir die Kompetenzen für die Berufsgruppe Sozialarbeiter/-in, Sozialpädagoge/-pädagogin beschrieben. Die Beschreibung der Berufsgruppen der Erzieher/-in und Heilpädagogen/-pädagogin muss noch erfolgen.

Bedauerlich ist, dass wir es nicht erreicht haben, dass die Verbände der freien Wohlfahrtspflege sich an dieser Diskussion beteiligt haben, obwohl sie ausdrücklich dazu eingeladen wurden. Die Beteiligung an Ausbildungsfragen und Kompetenzprofilen von Fachkräften läuft bei den Anstellungsträgern sehr verhalten.

Wir danken dem Deutschen Verein, dass er uns die Möglichkeit gegeben hat, diese Schlüsselkompetenzen im Fachausschuss Soziale Berufe vorzustellen und zu diskutieren und hoffen, dass der Deutsche Verein die Diskussion über die Qualität von Ausbildung und über die Kompetenzen in der Sozialen Arbeit weiterführt. Weiter danken wir all den Fachkräften aus der Praxis und der Ausbildung für die interessanten, meist konstruktiven Diskussionsbeiträge, die wir so weit es möglich war – wenn sie aus unserer Sicht der Verbesserung dieser Ausführungen dienten – übernommen haben.

Wenn diese Arbeit dazu führt, dass sich die in der Ausbildung und Beschäftigung von Fachkräften einflussreichen Gruppierungen, Organisationen und Institutionen zusammentun, um allgemein geltende Schlüsselkompetenzen für die Soziale Arbeit in Deutschland zu entwickeln und zwar so konkret wie möglich, hätten wir viel für die Sicherung der Qualität Sozialer Arbeit ereicht. Der DBSH leistet mit dieser Beschreibung (s)einen Beitrag dazu.

Unabhängig davon werden wir weiterarbeiten, um allgemein gültige Standards in der Ausbildung durchzusetzen. So wird ein Rankingverfahren auf der Grundlage dieser Schlüsselkompetenzen sicher den Wettbewerb der Ausbildungsstätten konstruktiv unterstützen. Dazu werden wir die einzelnen in dem Gliederungspunkt Ausbildung aufgeführten konkreten Ausbildungsinhalte gewichten müssen. Es müssen sowohl qualitative als auch quantitative Normen definiert werden.

Wenn es sich in der Weiterarbeit herausstellt, dass die von uns geforderten Kompetenzen und Ausbildungsinhalte in dem bisher vorgegebenen Studienrahmen nicht erlernt werden können, müssen wir auch über die Dauer der Ausbildung reden. Dazu gehört u.a. auch, dass die „Staatliche Anerkennung" als berufsdefinierende Prüfung nicht nur mal nebenbei mit dem Diplom vergeben wird, sondern nach einer berufsbegleitenden Fortbildung und einer Prüfung. Wir können uns auch andere verpflichtende Formen von Einführung in die berufliche Praxis nach dem Studium und deren „Beurkundung" vorstellen, z.B im Sinne eines Berufsregisters.

Wir gehen davon aus, dass diese Beschreibung in Abständen überprüft werden muss und entsprechende Anpassungen, Ergänzungen und Veränderungen vorgenommen werden müssen. Dazu brauchen wir die konstruktive kritische Begleitung und aktive Mitarbeit unserer Mitglieder und interessierter Fachkräfte. Dazu wird der DBSH einen Strukturvorschlag machen.

Deswegen wird die Arbeit an den Schlüsselkompetenzen mit dieser Veröffentlichung nicht beendet sein.

Literatur

Adler, H.: Eine gemeinsame Sprache finden. Klassifikation in der Sozialen Arbeit – Ein Versuch: das Person-In-Environment System (PIE). In: Blätter der Wohlfahrtspflege, Heft 7+8, 1998

BAG der Hochschullehrer des Rechts an Fachhochschulen/Fachbereichen des Sozialwesens in der Bundesrepublik Deutschland. Curriculum Recht im Studium der Sozialarbeit/Sozialpädagogik, Oktober 2005

Beilmann M./Schulz-Wallenwein U. (Hrsg.): DBSH-Innensichten 2, Beratung – Schlüsselkompetenz der Profession Soziale Beratung, Berlin, 2002

Berghaus, Margot: Luhmann leicht gemacht, Köln, 2. Auflage 2004

Biermann, Benno (Hrsg.): Soziologie – Studienbuch für soziale Berufe, München 2004

Bittner, G./Flitner, A.: Aufgaben und Methodik sozialpädagogischer Untersuchungen – Zum Konzept der „praxisbegleitenden Forschung“. In: Zeitschrift für Pädagogik, 15. Jg. 1969, Nr. 1

Böhnisch, Lothar: Lebensbewältigung. Ein sozialpolitisch inspiriertes Paradigma für die Soziale Arbeit. In Thole, Werner (Hrsg.): Grundriss soziale Arbeit, Opladen 2002

Brockhaus, Studienausgabe, Leipzig-Mannheim 2001

Brunner E. J./Schönig W. (Hrsg.): Theorie und Praxis von Beratung. Freiburg i. Br. 1990

Caritasverband für die Diözese Mainz e.V. (Hrsg.): Qualitätsbeschreibung Gemeinwesenarbeit, Mainz 2002

Deutscher Berufsverband für Soziale Arbeit. Berufsethische Prinzipien des DBSH, Essen 1997

Deutscher Berufsverband für Soziale Arbeit. Berufsbild für Diplom-Sozialarbeiterinnen/Sozialarbeiter, Essen 1997

Deutscher Verein für öffentliche und private Fürsorge. Fachlexikon der sozialen Arbeit, Frankfurt/M. 1993

Caritasverband für die Diözese Mainz e.V.: Dokumentation des Workshops „Lebensweltorientiertes Arbeiten“, 2000

Duden, Das Herkunftswörterbuch, Mannheim 1989

Engelke, E.: Die Wissenschaft Soziale Arbeit – Werdegang und Grundlagen. Freiburg i. Br. 2003

Friedländer, Walther A. (Hrsg.): Grundbegriffe und Methoden der Sozialen Arbeit. Neuwied u. Berlin 1966

Galuske, Michael: Flexible Sozialpädagogik Elemente einer Theorie Sozialer Arbeit in der modernen Arbeitsgesellschaft. Weinheim u.a. 2001

Gastiger, Sigmund, Prof, Dr.: Nachrichtendienst des Deutschen Vereins, April 2004

Geißler, K.-H./Hege, M.: Konzepte sozialpädagogischen Könnens – ein Leitfaden für soziale Berufe, Weinheim 1992

Gosejacob-Rolf, Hille (Hrsg.): Strategische Soziale Arbeit, Essen 1997

Grunewald K./Ortmann F./Rauschenbach T./Treptow R.: Alltag, Nicht-Alltägliches und die Lebenswelt. Weinheim 1996

Klüsche, W.: Ein Stück weitergedacht ... Beiträge zur Theorie und Wissenschaftsentwicklung der Sozialen Arbeit. Freiburg i. Br. 1999

Konopka, Gisela: Soziale Gruppenarbeit in Grundbegriffen und Methoden der Soziale Arbeit, Neuwied und Berlin 1966

Habermas, Jürgen: Theorie des kommunikativen Handelns. Band 1 und 2. Frankfurt/M. 1994

Langfeldt, Hans-Peter/Nothdurft, Werner: Psychologie: Studienbuch für soziale Berufe, München 2004

Lexikoninstitut Bertelsmann, Das moderne Lexikon, Band 8, Gütersloh 1972

Mührel, Eric: Benötigt Soziale Arbeit eine Berufsethik. In: DBSH-Landesrundbrief Niedersachsen/Hamburg/Sachsen-Anhalt Heft 1, 2005, S. 3

Murgatroyd S.: Beratung als Hilfe, Weinheim 1994

Ortmann, K.-H./Schaub, H.-A.: Klinische Soziale Arbeit – Eine kritische Sicht auf ein neues Fachgebiet. In: Theorie und Praxis der Sozialen Arbeit, Heft Nr. 1, 2002

Rauschenbach, Th.: Das sozialpädagogische Jahrhundert – Analysen zur Entwicklung Sozialer Arbeit in der Moderne. Weinheim u. München 1999

Rauschenbach, Thomas: Inszenierte Solidarität. Soziale Arbeit in der Risikogesellschaft. In: U. Beck/E. Beck-Gernsheim (Hrsg): Riskante Freiheiten Individualisierung in modernen Gesellschaften, Frankfurt/M. 1994, S. 91-104

Rauschenbach T./Ortmann F./Karsten M.-E.: Der sozialpädagogische Blick. Weinheim 1993

Pfaffenberger, Hans: Fachlexikon der sozialen Arbeit. Frankfurt/M. 1993

Schilling, Johannes: Soziale Arbeit – Geschichte – Theorie – Profession, 2. Auflage, München 2005

Schön, D.A.: The Reflective Practioner. How Professionals think in Action, New York 1983

Schütz, Chr. (Hrsg.): Praktisches Lexikon der Spiritualität. Freiburg i. Br. 1992

Schulz-Wallenwein U.: Ethik in Beratung. In: Seifert A. (Hrsg.): Ethik in Beziehungen, Frankfurt/M. 1996

Sommerfeld, P.: Erkenntnistheoretische Grundlagen der Sozialarbeitswissenschaft und Konsequenzen. In: Steinert, E./Sticher-Gil, B./Sommerfeld, P./Maier, K. (Hrsg.): Soziale Arbeitsforschung: was sie ist und was sie leistet. Freiburg i. Br. 1998

Sommerfeld, P.: Forschung und Entwicklung als Schnittstelle zwischen

Disziplin und Profession. In: Homfeldt, H.G./Schulze-Krüdener, J. (Hrsg.): Wissen und Nichtwissen. Herausforderungen für Soziale Arbeit in der Wissensgesellschaft, Weinheim 2000

Seippel, A.: Handbuch aktivierende Gemeinwesenarbeit, Gelnhausen/Berlin 1976

Staub-Bernasconi, S.: Soziale Arbeit als „Menschenrechtsprofession". In: Wöhrle, A. (Hrsg.): Profession und Wissenschaft Sozialer Arbeit, Pfaffenweiler 1998, S. 305-332

Staub-Bernasconi, S.: Systemtheorie, soziale Probleme und Soziale Arbeit: lokal, national und international. Oder: Vom Ende der Bescheidenheit, Stuttgart/Wien 1995

Steinert, E. et al.: Sozialarbeitsforschung – was sie ist und leistet. Eine Bestandsaufnahme, Freiburg i. Br. 1998

Strunk, A.: Ein Beitrag zur Bestimmung von Kernkompetenzen für eine moderne Soziale Arbeit, unveröffentlichte Überlegungen zum Thema Kernkompetenz, 2003

Thiersch, H./Frommann, A./Schramm, D.: In: Zeitschrift für Pädagogik, 1976, S. 22

Thiersch H.: Soziale Beratung. In: Beck M./Bückner, G./Thiel, H.U.: Psychosoziale Beratung, Tübingen 1995

Thiersch H.: Lebensweltorientierte Soziale Arbeit, Weinheim 1992

Wendt W.R.: Ökosozial denken und handeln, Freiburg i. Br. 1990

Wendt W.R.: Rat finden in Kooperation, Blätter der Wohlfahrtspflege 5 + 6 2000

http://www.sign-lang.unihamburg.de/Projekte/SLex/SeitenDVD/Konzepte/L51/ L5103.htm, August 2006

Autoren

Friedrich Maus, Dipl.-Sozialarbeiter (FH), arbeitet als Referent in einem Spitzenverband der freien Wohlfahrtspflege und seit über 30 Jahren in verschiedenen Funktionen im DBSH: als Vorsitzender des Landesverbands Baden-Württemberg, als Mitglied der Kommission Berufs- und Sozialpolitik des DBSH, seit einem Jahr als Mitglied des Geschäftsführenden Vorstands des DBSH zu Fragen der Berufspolitik. Er vertritt den DBSH im Fachausschuss Soziale Berufe des Deutschen Vereins für öffentliche und private Fürsorge.

Wilfried Nodes, Dipl. Sozialpädagoge (FH), Dipl.-Supervisor, seit zehn Jahren Referent für Politik und Öffentlichkeitsarbeit beim Deutschen Berufsverband für Soziale Arbeit. Verantwortlicher Redakteur für die Zeitschrift „Forum Sozial" des DBSH. Zwei Buchveröffentlichungen, diverse Buchbeiträge, Beiträge in Fachzeitschriften und Tätigkeit als freier Journalist für unterschiedliche Medien, 20-jährige Berufserfahrung in interkulturelle Arbeit, GWA, Sozialberatung und politischer Bildung, zuletzt als Geschäftsführer; freiberufliche Praxis als Supervisor, Organisations- und Fachberater.

Dieter Röh, Dr. phil., Dipl.-Sozialarbeiter/Sozialpädagoge, MPH, Professor für Fachwissenschaft Soziale Arbeit, lehrt an der Hochschule für Angewandte Wissenschaften Hamburg, Fakultät Soziale Arbeit und Pflege, Arbeitsschwerpunkte: Klinische Sozialarbeit, Rehabilitation, Psychiatrie, Behindertenhilfe, bis Ende 2007 Vorsitzender des DBSH-Niedersachsen.